Éloges pour
Aimer un accro,
s'aimer soi-même
Les 10 meilleurs trucs de survie pour
aimer une personne dépendante

« *L'argent est inextricablement lié à chaque aspect de la vie d'une personne. À titre de planificateurs financiers, nous avons le privilège d'apprendre à connaître nos clients à un niveau très personnel. Il est stupéfiant de voir combien de personnes sont confrontées à la dépendance dans leur milieu de travail ou encore dans leur famille. Nous conservons le livre de Candace dans notre hall d'entrée et dans notre bibliothèque de prêt. Ces exemplaires disparaissent régulièrement. Et je sais pourquoi. Candace Plattor a un don pour résumer des vérités difficiles et parfois complexes en un format facile à lire et satisfaisant. On se rend compte qu'elle sait de quoi elle parle et qu'elle a l'expérience personnelle pour le soutenir. Si vous ou un membre de votre famille vous demandez si la dépendance est un problème, je vous recommande fortement d'aller chercher ce livre. Ne nous le demandez toutefois pas, car il a probablement disparu !* »

-Tracy Theemes, MA, CFP, FMA, FCSI, Conseillère financière, Groupe Financier Sophia, Raymond James ltée

« Bonjour Candace, je souhaite vous dire à quel point j'ai apprécié votre livre – Je pense que je devrais en acheter une boîte pleine afin d'en remettre à chaque membre de ma famille ! J'ai participé à deux séminaires familiaux lors desquels j'ai également beaucoup appris et ma fille a été en cure pour l'abus de substance. J'ai parcouru beaucoup de chemin pour en arriver à comprendre quel était maintenant mon travail de mère. Je me suis sentie obligée de vous envoyer un courriel et de vous dire que vous avez écrit un merveilleux livre – et je vais continuer de partager ce que j'en ai appris avec les autres... Encore merci ! »

-GM

« L'habileté de Candace de mentionner la présence de comportements de dépendance – sans tenir compte des personnes avec qui l'accro est en relation – fut extrêmement importante et libératrice pour moi, autant au niveau personnel que dans ma vie professionnelle en tant que thérapeute. Elle identifie clairement qui est responsable de quoi, de la perspective de l'accro comme de celle des membres de la famille, en enlevant l'effet accablant du blâme. Son livre m'a énormément aidé et je le recommande fortement à mes clients. »

-Heather Dickson, MA
Thérapeute en pratique privée

« Aimer un accro, s'aimer soi-même est une approche directe de la gestion d'une situation de dépendance concernant un proche ou nous-mêmes. Un des dictons préférés de Candace dans ce livre est « Si rien ne change, rien ne change ». *Ce livre traite de notre désir de changer nos vies d'une place où nous avons dérivé vers la paralysie des comportements de dépendance et/ou de codépendance, vers la mise en œuvre de mesures concrètes d'autoréalisation et de gestion de nos besoins personnels. Dans ce guide pratique facile à lire, Candace nous donne les 10 plus importants trucs de survie sur la façon de « partir de là pour en arriver ici ». Lire ce livre fut une épiphanie pour moi – je comprends maintenant qu'une personne peut choisir de changer de la « dérive » vers la « détermination » et exister en tant que personne plus forte et plus attentionnée. Je remets de nouveaux exemplaires à mes amis et à ma famille, car mon exemplaire reste sur ma table de chevet afin d'être lu et relu. »*

-Kathryn Friesen, M. Sc.

« Le travail de Candace a établi un puissant et positif changement dans ma vie. Aimer un accro, s'aimer soi-même fut la première étape cruciale vers ma libération de la douleur d'une relation de dépendance. Ce petit livre bleu est si sage et merveilleux. Il a joué un rôle important dans la création de la vie heureuse que je vis maintenant. Merci Candace ! »

-Alexandra

« Je viens tout juste de terminer la lecture des deux avant-propos et des remerciements dans votre livre et je fus profondément émue par tout ce que j'ai lu. En fait, j'en ai même eu les larmes aux yeux. Des larmes d'inspiration...

Je suis tellement reconnaissante de vous avoir pour thérapeute à cette étape de ma vie. Sans vous, je ne peux même pas imaginer ce que ma vie serait puisque vous m'avez énormément appris à mon sujet et vous m'avez aidé à commencer à grandir. J'ai grandi de façons dont je mourrais d'envie de grandir et je n'aurais pas pu le faire sans vous. Merci pour votre livre, c'est une perle rare ! »

-KT

« Je veux que vous sachiez que j'ai lu votre livre et je trouve qu'il est très bien organisé, pratique et facile à comprendre pour le profane... D'après ce que j'ai lu jusqu'à maintenant, vous avez contribué de façon extraordinaire en ce monde en aidant avec les dépendances. »

-DC

« Je voulais vous faire savoir à quel point j'ai apprécié votre livre. Je vais assurément en acheter un autre exemplaire afin de le prêter aux autres (ou encore mieux, pour leur montrer afin qu'ils prennent note de se procurer le leur). Mon exemplaire autographié restera sur mon étagère.

Je l'ai trouvé très facile à lire et c'est une approche raisonnable pour nombre d'entre nous qui sommes pris dans notre rôle « d'essayer de réparer ou de venir en aide ». Je crois que lorsqu'une personne est prise dans le rôle de facilitateur d'un proche, elle peut être aidée par une approche claire et raisonnable. J'aime la vôtre.

J'aime aussi vos citations. Et vos histoires personnelles... »

-Karleen Nevery, RPC, CGA,

Thérapeute en pratique privée

« *J'ai lu votre livre* Aimer un accro, s'aimer soi-même : les 10 meilleurs trucs de survie pour aimer une personne dépendante *du début à la fin la soirée même dont j'en ai pris possession. Je ne pouvais pas le poser, car je souhaitais toujours connaître le prochain truc de survie ! Ce fut une lecture très positive et je me sens depuis soulagée. Je lis encore des parties de votre livre tous les soirs afin de constamment stimuler mon esprit. J'apprécie particulièrement les études de cas, car elles me donnent un aperçu de la manière de procéder de façons saines dans mes relations au lieu de poursuivre les méthodes auxquelles je me suis habituée. J'aime aussi particulièrement la façon dont chaque étude de cas se termine avec un dénouement positif pour les proches de la personne dépendante. Merci pour votre aide.* »

-MC

« *En lisant ce livre, je suis peu à peu devenue convaincue que la clé de mon bien-être se trouvait dans la gestion de mes besoins personnels. Je suis heureuse de dire que j'ai commencé à reconnaître et à prendre soin de mes propres besoins et la vie avec l'accro que j'aime s'est améliorée. Mais, même si elle ne s'était pas améliorée, j'aurais été plus heureuse, plus en santé et plus sereine. Candace est une championne de ce processus et elle est une preuve vivante qu'il fonctionne.* »

-SK

« J'adore ce livre; il est brillant, il est actuel et pertinent et il est rempli d'information pratique. La sagesse et l'expérience de Candace y transparaissent. Je lis souvent des passages à mes groupes et je le recommande aux proches qui sont aux prises avec la dépendance. Il a décidément comblé des lacunes en références dans ce domaine. »

-Fiona Jeyachandran, Conseillère en alcool et drogues

AIMER UN ACCRO, S'AIMER SOI-MÊME

LES 10 MEILLEURS TRUCS DE SURVIE POUR AIMER UNE PERSONNE DÉPENDANTE

CANDACE PLATTOR, M.A.

ÉDITION RÉVISÉE

Dédicace

Je dédie ce livre à mes chères sœurs, José et Mélanie. Vous avez inlassablement lu et relu mon manuscrit alors que je l'écrivais, ligne après ligne, chapitre après chapitre, me faisant des remarques et des suggestions incroyablement utiles et m'encourageant tendrement. Je n'aurais pas pu le faire sans votre aide, et je n'aurais certainement pas eu autant de plaisir sans vous.

Catalogage avant publication de Bibliothèque et Archives Canada

Plattor, Candace, 1950-
[Loving an addict, loving yourself. Français]
Aimer un accro, s'aimer soi-même : les dix trucs de survie afin d'aimer une personne dépendante / Candace Plattor, M.A. –
Édition révisée.

Traduction de : Loving an addict, loving yourself.
ISBN 978-0-9953162-0-1 (couverture souple)
ISBN 978-0-9953162-1-8 (ebook)

1. Dépendants–Relations familiales.
2. Polytoxicomanie–
Patients–Relations familiales.
3. Autodéveloppement.
4. Autothérapie. 5. Affrontement (Relations
humaines). I. Titre.
II. Titre: Loving an addict, loving yourself. Français

RC533.P53214 2016   362.29'13
C2016-906220-1

Si vous souhaitez publier des sections de ce livre, merci
de bien vouloir contacter l'éditrice pour en obtenir la
permission.

Publié par :
Candace Plattor, M.A.
604-677-5876
Candace@candaceplattor.com
www.candaceplattor.com

Traduction de l'anglais par Josianne Giroux; révision
par Jean-Pierre Lussier

Si jamais rien ne changeait,

il n'y aurait pas de

papillons

-Anonyme

Table des Matières

Avant-propos

Avant-propos par Caroline Sutherland

La dépendance est quelque chose avec laquelle je n'ai eu aucune expérience personnelle dans ma vie d'adulte. Je n'ai été ni alcoolique, ni dépendante des drogues et ni acheteuse excessive compulsive, mais, dans ma jeunesse, j'ai été une outremangeuse compulsive. Je faisais des régimes stricts afin de perdre quelques livres, mais puisque je m'étais privée de nourriture pendant plusieurs jours, je pouvais manger une tarte entière à la fin de la semaine !

Je suis de tout cœur avec quiconque a une dépendance grave. Et à ceux qui ont eu le courage de mettre leur dépendance de côté, je vous dis : « Bravo ! »

Une dépendance est quelque chose qui a une emprise sur nous, quelque chose qu'il est difficile de mettre de côté et quelque chose que nous sommes incapables d'arrêter – sauf si on nous donne quelques outils et des encouragements. En tant que conseillère en nutrition et éducatrice en santé, je vois beaucoup de personnes avec une dépendance à la nourriture – avec le sucre comme principale drogue de choix.

La dépendance au sucre représente réellement, à un niveau supérieur, la douceur dans la vie. Si nous pouvons trouver les choses réellement merveilleuses que la vie a à offrir et que nous nous immergeons dans cette quête, nous déborderons de bonheur et il n'y aura plus de besoin pour un excès de sucre dans la consommation de desserts, de bonbons, d'alcool et d'autres douceurs.

La vie est tout comme un miroir. Ce que nous désirons à l'intérieur, nous nous en remplissons à l'extérieur.

Les dépendances sont très puissantes et elles peuvent nous faire quitter la voie sur laquelle nous appartenons réellement. Mais avoir le courage de confronter une dépendance, de la défier du regard et de la surmonter peut nous mener à la libération et nous amener vers notre mission supérieure.

Candace Plattor, auteure d'*Aimer un accro, s'aimer soi-même : les 10 meilleurs trucs de survie pour aimer une personne dépendante*, l'a justement fait.

J'ai rencontré Candace par l'entremise d'un de mes clients il y a de cela plus d'un an. Nous avons organisé une rencontre afin de discuter de façons d'améliorer la santé et l'énergie de Candace. Même si pendant plusieurs années elle fut une grande défenseuse de la santé et de la nutrition, j'ai immédiatement été captivée par l'enthousiasme de Candace et par son dévouement à suivre mes suggestions. Par conséquent, sa santé s'est largement améliorée et elle a appris une toute nouvelle façon de comprendre son corps et ses besoins.

Afin de surmonter une dépendance et d'avoir la clarté dont nous avons besoin pour faire des choix de vie positifs et d'évaluer les situations qui peuvent potentiellement être dommageables pour nous, nous devons avoir un corps fort et en santé et un esprit lucide. Le travail de Candace avec l'EMDR (acronyme anglais utilisé en français signifiant désensibilisation et retraitement par des mouvements oculaires) et autres outils de thérapie uniques qu'elle utilise, ainsi que son incroyable dévouement envers son propre bien-être holistique, offrent une solution importante et distincte contre le labyrinthe que constituent les comportements de dépendance et vers de nouvelles voies qui se trouvent devant nous.

Caroline Sutherland
Auteure, *The Body Knows* et *The Body Knows...How to Stay Young*

Avant-propos par Suzanne Jean

Je suis honorée de la demande que j'ai reçue d'appuyer le livre de Candace Plattor, *Aimer un accro, s'aimer soi-même*.

Au cours des seize dernières années, j'ai été témoin d'incroyables transformations chez Candace autant au niveau personnel que professionnel. Nous avons travaillé ensemble pendant la plus grande partie de ces années à l'Association de recherches Watari, une agence située dans le quartier Est à faible revenu du centre-ville de Vancouver, au Canada, ayant pour mission de faciliter le changement positif dans la vie d'enfants, de jeunes et de familles à risque à travers des programmes et des thérapies novateurs. Candace et moi-même avons initialement connecté lors de rencontres de suivi sur notre difficile travail ensemble. Nous avons rapidement réalisé que nous partagions une profonde croyance en la force intérieure d'un individu, en sa résilience, en son potentiel et en son désir de bien-être, et ce, peu importe les circonstances. Je n'ai jamais vu Candace céder face à un problème avec un de ses clients, peu importe la complexité, lorsqu'elle s'occupait de personnes vivant avec des défis tels que la dépendance et la violence. Si elle ne comprend pas quelque chose, elle recherchera l'expertise nécessaire ou bien elle développera elle-même l'aptitude afin de faire tout ce qui doit être fait afin d'aider réellement l'individu ou la famille. La ténacité de Candace et son engagement sincère à poursuivre sa formation de façon continue contribuent grandement à ses merveilleuses découvertes dans le domaine de la dépendance.

Je décrirais l'approche professionnelle de Candace comme étant similaire à une formule secrète : juste la bonne quantité et la bonne combinaison de compassion, de réalité et d'humour livrés juste au bon moment. Qu'elle travaille avec l'accro ou les proches de l'accro, je crois que Candace a atteint le succès et la crédibilité comme thérapeute grâce à son habileté d'accéder à son intuition et à son expérience personnelle avec la dépendance et le rétablissement, lui permettant ainsi d'entrer en contact avec les autres – sans jugement – à un niveau profondément humain. Ses fortes et constantes valeurs lui permettent de communiquer avec ses clients de façon à ce qu'ils se sentent en confiance et en sécurité.

Ce livre décrit l'intégrité de Candace comme thérapeute spécialisée en dépendance en incorporant les valeurs positives qu'elle défend. Également, *Aimer un accro, s'aimer soi-même* offre un guide honnête et pratique pour les gens qui peuvent ressentir le désespoir et l'isolation qui se produisent en aimant une personne dépendante. En sachant que Candace accorde de l'importance au partage de ses connaissances et de sa sagesse afin de se rendre utile aux autres, je n'ai aucun doute que l'information contenue dans ce livre sera extrêmement utile aux proches de personnes ayant un ou des comportements de dépendance.

Suzanne Jean

Ancienne directrice exécutive à l'Association de recherches Watari

PDG, Kaizen Holdings

Remerciements

Écrire mon premier livre *Aimer un accro, s'aimer soi-même* fut une expérience profondément transformatrice pour moi autant au niveau personnel que professionnel. Le processus, tout comme le produit final, est l'aboutissement de mes années de travail avec les accros et leurs proches et également de mes plus de 22 années à faire mon propre travail personnel de guérison. Tout comme n'importe quel autre accro qui souhaite une vie meilleure, il devint impératif pour moi de découvrir les raisons sous-jacentes de mon besoin, à la base, d'utiliser des comportements de dépendance, afin de pouvoir arrêter de m'y adonner. J'espère toujours sincèrement que mon parcours de rétablissement de la dépendance puisse aider une autre personne, de la même manière que les parcours d'autres personnes m'ont inspirée. Je n'ai aucun doute que le meilleur reste à venir !

Plusieurs personnes m'ont aidée et soutenue lors de cette étape particulière de mon voyage et je conserve précieusement la richesse que chacun de vous a apportée dans ma vie.

Tout d'abord, je voudrais remercier ma mère, Emma, et Bill d'avoir cru en moi et de m'avoir encouragée tout au long de ce parcours. J'apprécie votre enthousiasme à lire et à éditer des parties de ce manuscrit. Je n'ai pas de mots pour exprimer ce que votre soutien signifie pour moi.

Mon père, Stan, m'a ouvert la voie à devenir thérapeute en façonnant ce que sa vie fut pour lui. Je t'aime et tu me manques chaque jour.

J'aurais été perdue sans ma brillante et créative mentor, Juliet Austin, qui fut à mes côtés au cours des dernières années, me guidant dans mon parcours professionnel. Je te remercie profondément de m'avoir autant aidée chaque fois que j'avais besoin de toi.

À mes chères amies, Ingrid, Jodi et CJ – mes sincères remerciements à vous pour avoir été avec moi sur ce chemin depuis plusieurs années. Vous m'avez chacune enseigné beaucoup sur la vie, l'amour, la compassion et l'amitié et je suis une bien meilleure personne en vous connaissant.

Je suis profondément endettée envers Caroline Sutherland, qui, avec son aide et son soutien généreux, m'a aidée à restaurer mon corps à un merveilleux niveau de santé que je n'avais plus connu depuis que j'ai été diagnostiquée avec la maladie de Crohn, en 1973. Tu m'as redonné ma vie. Je suis très reconnaissante d'avoir bénéficié de tes dons intuitifs et de ta lucidité. Il n'y aura jamais assez de mots pour te remercier.

Quelle chance que j'ai eu d'avoir connu Bree Willson depuis les derniers mois. Ce fut merveilleux de pouvoir bénéficier de ton immense sagesse et de ta délicatesse d'esprit et je suis reconnaissante de t'avoir dans ma vie.

Les très utiles réflexions et suggestions de ma merveilleuse « équipe littéraire » composée d'Arlene (mon éditrice talentueuse), Bobbie (mon designer imaginatif) et Carole (mon ingénieuse assistante virtuelle) ont rendu ma vie beaucoup plus facile – Merci à vous tous !

Ma sincère gratitude va au Dr Stan Lubin qui est devenu mon médecin au tout début de mon rétablissement de la dépendance. Vous m'avez vu à mon meilleur, à mon pire, et un peu partout au milieu, et vous avez toujours cru en moi. J'apprécie profondément la délicatesse, la compassion et le respect que vous me donnez à chaque fois que je vous rencontre et je vous remercie énormément pour toute votre aide au fil des années.

J'ai une dette envers Suzanne, Lawrence, Lauren, Michelle et envers tous les employés attentionnés et dévoués du Watari. Avec votre aide et votre soutien, j'ai eu l'occasion d'affiner mes aptitudes comme thérapeute spécialisée en dépendance et d'apprendre plusieurs leçons personnelles importantes. Je vous prie de continuer le merveilleux travail que vous faites.

Félicitations à la Dre Jenny Melamed pour être une docteure spécialisée en dépendance avec une incomparable éthique et un cœur en or. Vos patients vous aiment et je sais pourquoi. Je me sens privilégiée de travailler à vos côtés.

Je remercie chaleureusement l'aide exceptionnelle que je reçois de la part du Dr Bob Armstrong. Votre incroyable sagesse, votre clarté et votre délicieux sens de l'humour sont d'une grande valeur pour moi en tant que votre cliente. Dans mes moments les plus noirs, vous êtes curieusement capable de prendre le bazar désordonné de mes périodes de croissance émotionnelle et de les transformer en quelque chose de sensé. Vous avez un don incroyable et je suis en émerveillement devant vos aptitudes de thérapeute/superviseur clinique.

J'ai conservé ma plus profonde appréciation pour la fin : mes remerciements les plus sincères et mon admiration vont à tous mes extrêmement courageux clients, passés et présents, de me faire confiance et de croire en moi et en vous-mêmes. Sans exception, vous m'avez tous enseigné énormément au fil des ans alors que nos parcours se sont entrecroisés. Autant que j'aime le travail que je fais, être une thérapeute inclut aussi une part douce et amère : alors que les gens font leur brave et audacieux travail intérieur, ils deviennent plus forts et plus en mesure de vivre la meilleure des vies et c'est précisément à ce moment qu'ils sont en mesure de poursuivre leur chemin sans moi. Je reconnais pleinement que c'est exactement de cette façon que les choses sont censées se passer, mais il est parfois difficile de dire au revoir. Je vous garde toutefois tous dans mon cœur et je suis toujours reconnaissante pour le temps que nous avons passé ensemble. Merci de partager une partie de vous-mêmes avec moi.

Je prie chacun d'entre vous d'être heureux et en santé !

Remerciements de 2015 :

En plus de ceux mentionnés ci-dessus, cinq ans plus tard, en 2015, il y a maintenant quelques personnes de plus que j'aimerais remercier :

Mon merveilleux système de soutien incluant : CJ, Ina, Jodi, Jose, Mika, Glo, Alyson, Tierney, Pamela et Cait. Je suis réellement bénie.

À Bobby, Shamira et Kimen – mes profonds remerciements pour me garder autant en santé que ce corps peut l'être. Vous ne me laissez jamais tomber, même lors de circonstances difficiles pour moi.

Katharyn, j'apprécie ton aide dans l'accomplissement de ce livre : la réception et l'expédition. C'est merveilleux de savoir que tu relèveras ces devoirs essentiels.

Ingrid, merci d'avoir signé le design de cette édition révisée – très bon travail !

À Steve Harrison et à tous les merveilleux mentors chez Quantum Leap : Geoffroy, Danette, Raia, Brian, Mary et Martha – vous êtes tous d'incroyables professeurs et je suis reconnaissante pour vos conseils.

Et deux grosses parts de gratitude vont à mon assistance virtuelle, Carole, et à mon experte des médias sociaux,

Tracey – vous rendez toutes les deux ma vie parfois follement occupée beaucoup moins chaotique. Je suis heureuse de pouvoir compter sur vous deux – vous êtes deux réels cadeaux dans ma vie !

MON HISTOIRE

_____

Avez-vous déjà atteint un point si bas dans votre vie que vous n'étiez pas certain de pouvoir vous en sortir ? Si c'est le cas, je vous comprends complètement. En fait, je suis un exemple parfait de ce très ancien dicton : « Ce qui ne nous tue pas nous rend plus forts ! »

J'ai grandi dans une famille avec plusieurs des mêmes types de comportements dysfonctionnels que la plupart des autres familles des années cinquante ou soixante – dont quelques-uns d'entre eux persistent encore de nos jours.

Bien que mes parents fussent tous les deux des professeurs établis dans le monde universitaire, il y avait de la dépendance dans ma famille. Ma mère était une incontestable accro du travail et elle utilisait régulièrement des médicaments pouvant causer la dépendance comme le Valium, tandis que mon père aimait bien le jeu tout

_____

comme de s'investir dans des relations extraconjugales. Mes parents ne s'aimaient pas beaucoup l'un et l'autre et, ce que je crois maintenant, c'est qu'ils ont mutuellement décidé d'utiliser ces comportements afin de garder une distance entre eux. Ce qu'ils ne semblaient pas comprendre – ou dont ils ne se préoccupaient pas beaucoup – c'était que cela les empêchait également d'être présents pour mon frère et moi. Cette impression de distance dysfonctionnelle dans notre famille – tout comme la violence émotionnelle et verbale qui accompagnait souvent l'isolation parfois brutale – a créée des cicatrices chez nous, enfants, que nous avons involontairement transportées avec nous bien au-delà de l'âge adulte.

Pour des raisons qui me sont inconnues, notre famille a beaucoup déménagé – de Brooklyn, New York, où je suis née, en Alabama, à La Nouvelle-Orléans et à plusieurs autres endroits. Nous ne restions jamais plus longtemps que deux ans dans un endroit et, en fait, il y a un endroit où nous ne sommes restés que six semaines – et ce fût après que nous avons eu défait nos bagages et que nous nous étions installés, car nous croyions que nous y vivrions pour un bon moment ! Toute cette agitation signifiait que j'étais toujours la nouvelle enfant du quartier, ce qui était assez stressant pour la petite fille gênée que j'étais, et ce, particulièrement avec des parents égocentriques qui ne semblaient pas se préoccuper de comment je m'en tirais. Je me suis toujours sentie comme une étrangère en terre étrangère, comme si je n'avais ma place nulle part. Cela a créé énormément d'anxiété sociale chez moi et a été l'une des plus profondes cicatrices que j'ai eues à guérir. Mais, aussi difficile que mon enfance ait été, ce ne fut qu'au début de la vingtaine que je découvris ce que le stress était réellement – lorsque la vie telle que je la connaissais s'écroula autour de moi.

Quelques années avant que cela ne se produise, mes parents décidèrent finalement de se séparer et, finalement, de divorcer. J'ai récemment entendu Dr Phil dire que les enfants aimeraient plutôt venir d'une famille brisée que de vivre dans une. Je suis d'accord. Après avoir vécu aussi longtemps dans un foyer brisé, cette séparation eut l'effet d'un soulagement pour moi. Bien que ce fût également rempli de tristesse, de confusion et de peur, c'était d'une certaine façon un répit.

Ma mère souhaitait partir aussi loin que possible de mon père et, puisque je n'avais pas encore dix-huit ans et, par conséquent, en dessous de l'âge légal de consentement, je n'avais d'autres choix que de partir avec elle. Papa vivait toujours à La Nouvelle-Orléans, alors ma mère, mon frère et moi avons traversé presque tout le continent nord-américain et sommes arrivés au Canada, où ma mère a obtenu un emploi de professeure à l'Université de Calgary.

J'avais récemment terminé mes études secondaires à La Nouvelle-Orléans et j'étais prête pour ma propre expérience universitaire, alors j'ai décidé d'étudier à l'Université de Calgary. En tant qu'étudiante en art théâtral dans le programme de baccalauréat des beaux-arts, j'étais au paradis. Je me suis fait de nouveaux amis et j'ai eu une vaste et merveilleuse vie sociale en vivant en résidence, participant en classes et en performant dans une variété de productions théâtrales. J'étais heureuse et je sentais finalement que j'avais ma place quelque part – une première pour moi.

Malheureusement, ce bonheur fut de courte durée. Après avoir obtenu mon diplôme universitaire en 1973, je me suis fiancée avec un homme qui détenait un visa émis par les États-Unis et qui ne pouvait pas rester au Canada. Nous avons décidé de voyager de l'Alberta, dans l'Ouest canadien, vers la côte Est des États-Unis où sa famille vivait. Une fois de plus, je me retrouvais à sillonner le continent, déménageant encore dans un nouvel endroit.

J'étais très excitée au départ, je me réjouissais de passer du temps seul à seul avec lui avant de rencontrer ma nouvelle famille en devenir ! J'espérais vraiment trouver un sentiment d'appartenance, le sentiment de faire partie de sa famille en tant que sa femme. Ce que je ne comprenais pas à ce moment-là était que, tout comme plusieurs d'entre nous provenant de foyers dysfonctionnels, j'avais choisi un partenaire qui avait quelques-unes des pires caractéristiques de mes deux parents. Cet homme que j'avais choisi d'épouser faisait usage de violence émotionnelle et verbale envers moi, m'humiliant fréquemment avec des commentaires méprisants. Mais, puisque j'avais grandi dans un tel environnement, je me suis involontairement retrouvée en plein dans ma zone de confort. À cette époque, je croyais en réalité que sa méchanceté signifiait qu'il m'aimait – une cicatrice d'enfance de plus que j'avais besoin de guérir.

Et nous étions rendus là, à entreprendre notre long et sinueux périple en voiture, avec tout ce que nous possédions entassés dans une camionnette VW. Le voyage s'était bien déroulé pendant un certain temps – aussi bien que les choses pouvaient se dérouler dans une relation malsaine. Mais, vers le milieu du parcours, sans aucun avertissement, je suis subitement tombée extrêmement malade – ce qui rendit les choses très difficiles – et je ne m'améliorais pas avec le temps. Imaginez voyager dans une vieille camionnette VW, branlante et défoncée, pendant des jours et des jours, sentant que vous souffrez de symptômes continus d'un grave empoisonnement alimentaire. Ce fut ma réalité pour le reste de notre voyage à travers le pays. J'étais misérable et mon fiancé ne semblait pas beaucoup s'en préoccuper. En fait, la plupart du temps je me sentais comme un fardeau pour lui – tout comme je m'étais sentie avec mes parents occupés et égocentriques.

Plusieurs d'entre nous semblent destinés à répéter ces vieilles dynamiques de notre famille d'origine jusqu'à ce que nous les guérissions. Pour ma part, cette guérison prit un bon moment.

Lorsque nous avons finalement atteint notre destination, j'étais tellement malade que je n'avais tout simplement plus l'énergie d'être agréable avec mes futurs beaux-parents – lesquels, il s'avéra, n'étaient pas les gens ayant le plus de compassion. Ils souhaitaient que je sois d'une certaine manière avec leur précieux fils – mais je ne pouvais juste pas les satisfaire dans l'état dans lequel je me trouvais. Je me suis sentie comme un échec lamentable à tous points de vue et il n'en fallut pas longtemps à mon fiancé pour me dire qu'il souhaitait une femme en santé, pas une comme moi.

Sans surprise, nous nous sommes séparés et je suis revenue au Canada totalement dévastée. Après plusieurs mois de maladie chronique et continuelle et une multitude de rendez-vous chez le médecin, je fus finalement diagnostiquée avec la maladie de Crohn – une toute nouvelle maladie que les médecins ne savaient pas du tout comment traiter.

Je suis certaine qu'il fut probablement difficile pour ces médecins d'avoir une jeune femme comme moi venant les voir, souvent en pleurs, se plaignant de terribles douleurs, dépressive, sentant qu'elle passait à côté de sa vie – sans savoir quoi faire pour l'aider. Ils ont dû sentir qu'ils devaient faire *quelque chose, n'importe quoi*.

Ils m'ont donc donné une abondance de médicaments hautement sujets à créer une dépendance. Pour leur défense, la dépendance n'était pas autant sur les radars qu'elle l'est aujourd'hui; ils n'avaient probablement aucune idée à ce moment-là des dommages qu'ils me causeraient. Mais, même quarante ans plus tôt, ces médicaments m'ont causé de nombreux problèmes qu'il me faudra plusieurs années à résoudre.

Étant la bonne fille que j'étais dans ce temps-là, j'ai fidèlement pris tous le Valium, la Codéine et le Demerol (un puissant analgésique, peut-être équivalent à l'OxyContin d'aujourd'hui) qu'ils me prescrivaient continuellement – jour après jour, mois après mois et année après année.

Faisons maintenant un bond d'une quinzaine d'années – J'étais toujours malade, profondément dépendante aux médicaments et également à la marijuana, que j'avais tout d'abord découverte durant mes années universitaires et qui m'enlevait énormément de douleurs et de honte associées à une maladie comme celle de Crohn. Bien que je puisse assurément comprendre et m'identifier au concept de la marijuana médicinale, je sais sans aucun doute que le pot crée une dépendance – et le pot d'aujourd'hui est même encore plus fort et crée une plus forte dépendance que ce que je fumais il y a quarante ans. Aussi, j'étais extrêmement dépressive, ce qui est sensé puisque toutes ces substances ont un effet dépresseur sur le système. Le corps de n'importe qui aurait été négativement affecté par cette combinaison de drogues. Pour couronner le tout, rien ne s'améliorait dans ma vie – et il me semblait que les choses continueraient comme cela pour toujours.

Vint ensuite une expérience qui m'a profondément apeurée. Une journée, j'étais en pause au travail, ne me sentant pas bien physiquement et assez épuisée émotionnellement – ce qui faisait partie du quotidien pour moi dans ce temps-là – et je me suis retrouvée à sérieusement penser au suicide pour la première fois. J'étais allongée, les yeux fermés, sur un divan dans la salle des employés, essayant de me reposer pour pouvoir compléter mon quart de travail, lorsqu'il m'est soudainement venu à l'esprit que j'avais assez de médicaments pour faire le travail – et, si je le faisais au bon moment, personne ne me trouverait à temps et je serais morte.

Ce jour-là, j'ai pensé que je pourrais réellement le faire. Et cela me fit peur.

Mais, quelque part à l'intérieur de moi, je savais que j'avais un choix extrêmement important à faire sur-le-champ. Et je suis très reconnaissante d'avoir fait le bon choix.

J'ai quitté tôt le travail, me rendant directement chez moi et appelant immédiatement la ligne de crise de Vancouver, sanglotant et ayant du mal à décrire ce qui se passait réellement en moi. La personne avec laquelle j'ai parlé ce jour-là m'a littéralement sauvé la vie en me suggérant fortement de me rendre au SAFER, un centre de soutien et de prévention du suicide ici, à Vancouver, ce que j'ai choisi de faire le lendemain. J'étais tellement soulagée qu'il puisse réellement y avoir de l'aide pour moi ! De là, j'ai été guidé à m'inscrire volontairement dans l'unité psychiatrique d'un hôpital local, où je suis resté pendant près de quatre semaines, recevant des soins médicaux pour ma maladie de Crohn et le suivi psychologique dont j'avais besoin. C'est à cet endroit que j'ai tout d'abord découvert la dépendance, alors que je commençais à comprendre que j'étais en effet devenue dépendante aux médicaments. J'ai également rencontré deux autres patients qui essayaient de chasser leur dépendance à leurs propres substances. Ils se rendaient à des rencontres des narcotiques anonymes quotidiennement, à midi, qui avaient lieu de l'autre côté de la rue – alors j'ai décidé de me joindre à eux.

Ce fut réellement le début de mon rétablissement de la dépendance. Alors que j'étais assise durant ces rencontres, jour après jour, dépressive, pleurant et partageant ma douleur du mieux que je le pouvais, les autres me rappelaient de *continuer de revenir*. Ils disaient de sages choses comme « Ne lâche pas cinq minutes avant que le miracle se produise » et « Pour aujourd'hui seulement, mes besoins sont satisfaits. » Des motards tatoués et en habit de cuir noir avec de lourdes chaînes m'étreignaient à la fin des rencontres et m'offraient la sorte de compassion que je n'avais pas reçue dans ma propre famille. C'était merveilleux et très apaisant. Même si « faire partie de » était quelque chose avec lequel j'avais toujours eu de la difficulté, je me suis retrouvée à ressentir un certain sentiment d'appartenance pour la première fois depuis mes années universitaires.

Trois années après mon rétablissement, je commençai à redonner à ma communauté en travaillant comme conseillère en dépendance dans le quartier Est du centre-ville de Vancouver frappé par la pauvreté. Ce quartier de Vancouver est également connu comme étant le code postal au plus faible revenu au Canada et avec le plus haut taux, par personne, d'accros, d'alcooliques et de sans-abris. J'y ai travaillé pendant seize ans, recevant le type d'éducation au sujet de la dépendance que je n'aurais jamais eu ailleurs – ce pour quoi je continue d'être reconnaissante.

Tout comme je l'ai été plusieurs années auparavant, mes clients du quartier Est du centre-ville étaient des accros et des alcooliques qui étaient toujours bien établis dans la dépendance active. J'ai trouvé que certains d'entre eux souhaitaient réellement obtenir l'aide pour descendre de cet horrible tapis roulant, alors que d'autres n'étaient pas autant intéressés à arrêter. Ce dernier groupe de clients souhaitaient simplement me raconter leurs « pouvez-vous le croire ? » histoires, semaine après semaine, se présentant comme des victimes face à ce qui leur arrivait. Souvent, les clients qui faisaient le choix de prendre la thérapie au sérieux et d'arrêter leur consommation de drogues et d'alcool avaient également vécu de graves difficultés, mais choisissaient plutôt de se donner des moyens au lieu de se voir comme des prisonniers de leur passé. J'ai trouvé cette distinction à la fois fascinante et significative et cela a décidément influencé mon futur travail dans le monde de la dépendance.

Mon travail m'a également aidé à rester sobre et à jeun et à choisir de rester sur la voie de la guérison.

Au fil du temps, les familles de mes clients dépendants commencèrent également à me téléphoner, souhaitant organiser des séances avec moi pour discuter de ce qu'il advenait de leurs accros. C'était assez étrange pour moi au début puisque j'étais également l'être aimé d'accros et je ne savais réellement pas ce que je pourrais faire pour eux. Mais, à mesure que ces séances progressaient, j'ai commencé à voir quelques schémas frappants existants dans pratiquement toutes ces relations. Les proches facilitaient presque toujours les accros en faisant des choses telles qu'inventer des excuses pour leurs comportements difficiles, leur donner régulièrement de l'argent ou leur permettre de vivre à la maison sans payer de loyer et sans attentes concernant leur contribution financière ou autre et même de tolérer leurs comportements violents physiquement et verbalement. J'ai instinctivement compris que cela n'aidait d'aucune façon la situation à changer. J'ai commencé à me demander « Si j'avais été facilité de la sorte dans ma propre dépendance, aurais-je choisi d'arrêter ? » La réponse est claire et nette : « Jamais de la vie ! »

Je savais que j'avais mis le doigt sur quelque chose d'extrêmement important.

Après avoir travaillé vingt-cinq ans avec des personnes ayant des accros dans leur vie, voici ce que je crois être vrai : lorsque des personnes aimant des accros les facilitent, tout comme je l'ai involontairement fait avec mes propres accros, cela permet à la dépendance de continuer plutôt que de l'aider à arrêter.

La famille et les amis utilisent la facilitation puisqu'ils ont peur et qu'ils sont désespérés – et puisqu'ils ne savent simplement pas quoi faire d'autre. Mais, quelque part au fond d'eux, ils savent que ce qu'ils font avec les accros qu'ils aiment de tout leur cœur peut en réalité les blesser. Lors de leur première séance avec moi, ils disent souvent « je sais que j'utilise la facilitation, mais… », et ils me donnent alors toutes leurs raisons et leurs explications pour expliquer leurs comportements. Lorsque mes clients font cela, je les reprends dès que je le peux – car la dépendance (particulièrement celle aux substances psychotropes) constitue souvent une situation de vie ou de mort. Je ne crois personnellement pas que nous avons le luxe d'attendre de changer à la fois notre perspective et nos comportements en quelque chose qui pourrait vraiment aider à arrêter la dépendance.

Il y a encore, au moment d'écrire ces lignes, très peu d'aide pour vous, les proches d'un accro. Il y a beaucoup d'aide pour les personnes dépendantes : cures de désintoxication, centres de traitement, thérapie, groupes d'entraide. Mais, relativement parlant, il y a peu de ressources pour leurs proches qui sont également en difficulté et qui se sentent perdus. Il ne me fallut pas très longtemps pour comprendre que je devais faire ce que je pouvais pour remédier à la situation.

Lorsque j'ai pleinement compris que la *facilitation n'est jamais un acte d'amour* envers un accro, j'ai décidé d'écrire un livre pour les proches des personnes dépendantes, y exposant les grandes lignes sur les façons dont ils peuvent eux-mêmes changer les comportements qui peuvent contribuer à leurs situations afin qu'ils, ainsi que les accros qu'ils aiment, puissent se rétablir. J'ai publié la première version d'*Aimer un accro, s'aimer soi-même : les 10 meilleurs trucs de survie pour aimer une personne dépendante* en janvier 2010 et, lorsque les familles que je vois en thérapie m'ont dit à quel point ce livre leur était utile, j'ai écrit et publié le volume d'accompagnement *Aimer un accro, s'aimer soi-même : le cahier d'exercices* quelques années plus tard.

À ma grande surprise, mes deux livres ont gagné des prix littéraires internationaux et américains, et ils sont maintenant utilisés dans plusieurs centres de traitement dans le monde entier dans le cadre de leurs programmes familiaux.

Lorsque je me livrais activement à ma dépendance – et même lors des premières années de mon rétablissement – si quelqu'un m'avait dit que je ferais en réalité quelque chose d'important pour aider les gens, j'aurais cru qu'ils étaient fous !

Moi ? MOI la désespérée, la dépressive, la suicidaire, la dépendante ?

Mais me voilà. Je suis la preuve vivante que rester dans la dépendance ou changer vers le rétablissement est, en fin de compte, rien de plus qu'un choix.

Je ne crois pas que les accros choisissent de devenir dépendants. Je ne l'ai assurément pas choisi. Mais, lorsque les accros s'y retrouvent, ils décident à tout moment s'ils continuent de se livrer activement à leur dépendance ou bien s'ils vont vers une sorte de rétablissement actif. J'ai choisi le rétablissement depuis plusieurs années; aujourd'hui, une journée à la fois, je suis sobre et à jeun depuis vingt-sept ans.

Je suis ici pour vous dire que les gens peuvent changer – les accros **peuvent** changer. Je vous prie de ne pas perdre espoir trop vite – ne lâchez pas cinq minutes avant que le miracle se produise.

BIENVENUE DANS VOTRE VIE – UNE APPROCHE RADICALEMENT FRAÎCHE D'AIMER UNE PERSONNE DÉPENDANTE

Écrire ce livre était un de mes rêves, et ce, depuis longtemps. Moi-même, à titre d'accro en voie de guérison étant libérée depuis plus de vingt ans des drogues, de l'alcool et de plusieurs autres comportements de dépendance, je me rappelle très bien ce que ça fait de ne pas s'aimer et de ne pas aimer sa vie. Je connais la différence entre avoir une saine relation avec mes proches et tolérer et même contribuer à des relations difficiles et dysfonctionnelles. Aujourd'hui, je comprends que si je souhaite que ma vie soit différente, je dois être le changement que je souhaite voir. Aujourd'hui, je sais que

---

tout dans ma vie commence avec moi – et la confiance en soi doit se gagner, tout comme la confiance d'une autre personne se gagne également.

Le respect de soi – Quel concept !

J'ai vécu l'immense différence entre vivre avec le respect de soi et vivre sans. Pour moi, la question ne se pose même pas – avoir du respect pour moi est bien mieux. Et, maintenant que j'ai pleinement de respect pour ma personne, c'est non négociable dans mes relations, particulièrement dans la relation que j'ai avec moi-même. Et, je sais sans aucun doute que personne ne peut m'enlever le respect que j'ai pour moi-même sans ma permission.

En plus d'avoir eu mes difficultés personnelles avec les comportements de dépendance, j'ai également été impliquée dans des relations étroites et intimes avec des personnes ayant eu des problèmes avec la dépendance. Lorsque nous aimons un accro, sans un travail intérieur, notre respect de nous-mêmes est, dans le meilleur des cas, passager. Pour quelques personnes, il sera pratiquement inexistant même lorsque leur vie semble aller très bien. D'après mon expérience, une grande majorité des gens n'y pensent même jamais et ils réalisent encore moins à quel point il est vital de détenir pleinement notre respect de soi. Et, lorsque nous aimons un accro, tellement de notre énergie et de nos efforts sont passés à essayer de le changer que nous ne prêtons pas souvent attention à nous-mêmes. Nos propres besoins, nos désirs, nos envies et notre respect de soi sont généralement relégués au second plan.

Ce que j'ai appris au sujet des accros et de leurs proches

Le quartier est du centre-ville de Vancouver[1] est statistiquement la région avec le revenu le plus bas au Canada. Il détient le plus grand nombre de gens sur l'assistance sociale, le plus haut pourcentage de « travailleurs pauvres » et la plus grande concentration d'alcooliques et de drogués pratiquants au pays.

Alors que je travaillais comme thérapeute spécialisée en dépendance dans le désuet quartier Est du centre-ville de Vancouver pendant plus de quinze ans, j'ai eu plusieurs occasions de rencontrer non seulement des clients qui luttaient avec leurs propres dépendances, mais également les familles, les partenaires et les amis de ces accros. J'ai compris très tôt que la dépendance a plusieurs répercussions considérables pour toutes les personnes concernées. Aimer un accro signifie partager la misère de la dépendance, et ce, jusqu'à ce que notre propre guérison permette un mode de vie différent.

En combinant ma connaissance personnelle de ce que

---

1. Le quartier Est du centre-ville de Vancouver est le plus vieux quartier de la Colombie-Britannique. Il est connu pour son taux élevé de pauvreté, d'abus de drogues, d'exploitation sexuelle, d'infection au VIH, de crimes et également pour son historique de militantisme communautaire.Source · https://en.wikipedia.org/wiki/Downtown_Eastside. 29 août 2016

c'est que d'aimer une personne ayant un comportement de dépendance avec ma compréhension professionnelle amassée en travaillant avec les familles d'accros, ce dont je suis certaine c'est que les proches sont des personnes fortes et compétentes. Nous devons l'être. Nous sommes capables d'endurer d'épouvantables douleurs et chagrins. Nous sommes déterminés à essayer tout ce que nous pouvons afin d'améliorer notre situation et, parfois, nous pouvons être assez créatifs dans notre manière de le faire.

En continuant à travailler avec les accros et leurs familles dans ma pratique d'aujourd'hui, je trouve qu'il m'est nécessaire d'apprendre aux proches comment distinguer leurs propres comportements aidants et ce qu'ils peuvent faire pour faciliter les accros dans leur vie à continuer leurs dépendances. Jusqu'à ce que ce travail soit fait, les familles et les proches sont incapables d'atteindre les résultats qu'ils souhaitent réellement. Leur travail intérieur implique généralement le changement de certaines de leurs habitudes dysfonctionnelles et bien ancrées afin qu'ils puissent se comporter plus efficacement avec leurs proches dépendants.

Ultérieurement, nous regarderons plus en profondeur les types de comportements qui composent la facilitation et comment les changer en stratégies plus saines qui vous permettront, ainsi qu'à la personne dépendante dans votre vie, d'atteindre une relation plus heureuse et plus harmonieuse.

Vous pouvez seulement vous changer

Contrairement à la croyance de plusieurs personnes qui aiment un accro, *vous êtes réellement la seule personne que vous pouvez changer*. Essayer de changer une autre personne est une pure perte de temps. Comme la plupart des gens qui aiment un accro, vous êtes probablement devenus experts à essayer de changer une autre personne, mais la question à se poser est la suivante : est-ce que cela a réellement fonctionné jusqu'à présent ? Non ? Je ne le pensais pas. Ce n'est pas parce que vous n'avez pas essayé assez fort; c'est parce que c'est simplement impossible de changer une autre personne si elle n'est pas prête à changer.

Le vrai changement dans vos relations viendra seulement avec le *courage de poser un regard honnête et réaliste sur vous-mêmes*, afin de voir comment vous avez pu contribuer au problème. En choisissant de faire ce travail difficile, mais gratifiant, vous serez en mesure de créer des solutions plus efficaces.

Puisque vous lisez ce livre, vous avez peut-être questionné votre relation avec votre proche dépendant et vous vous êtes peut-être demandé si votre temps ne serait pas mieux passé à vous concentrer sur vous-mêmes et en augmentant votre respect de soi. Si vous êtes comme la plupart des gens, votre réponse sera un « Oui ! » retentissant, suivi rapidement par la question « Comment est-ce que je peux y parvenir ? »

Une invitation

En m'accompagnant dans ce voyage au travers d'*Aimer un accro, s'aimer soi-même : les 10 meilleurs trucs de survie pour aimer une personne dépendante*, vous apprendrez exactement comment y parvenir – vous concentrer sur vous-mêmes et améliorer votre respect personnel.

En écrivant *Aimer un accro, s'aimer soi-même*, je vous invite à reprendre possession des besoins, des désirs et des envies oubliés depuis longtemps. C'est une invitation à vivre la vie que vous souhaitez vivre en vous concentrant plus sur vous-mêmes que sur l'accro dans votre vie. Vous n'avez pas à rester accro à la dépendance d'une autre personne.

Je vous invite à commencer à vivre votre vie d'une façon radicalement nouvelle et plus respectueuse de vous-mêmes. Êtes-vous prêts ? C'est parti !

I

AIMER UNE PERSONNE DÉPENDANTE : UNE VIE DE CHAOS

Voyons les choses en face : la vie avec une personne dépendante est difficile. Peu importe l'apparence extérieure de la dépendance, la dynamique sous-jacente de la vie d'une personne accro en est une de chaos. Les accros qui continuent de s'impliquer dans leurs propres comportements destructeurs vivent normalement plusieurs hauts et bas émotionnels, créant ainsi des montagnes russes virtuelles de « nuages roses » suivies d'un découragement profond, de remords et de haine de

---

soi, et ce, en passant par toute la gamme des émotions imaginables. Malheureusement, si vous aimez une personne dépendante, vous vivez également bien souvent ces hauts et ces bas.

Par exemple, plusieurs personnes ayant des comportements de dépendance développent des problèmes de santé au fil du temps pour toutes sortes de raisons. Ce peut être le résultat d'une fatigue physique découlant d'un désordre alimentaire tel que l'anorexie ou la boulimie, le mauvais usage de substances toxiques telles que l'alcool, la drogue ou la cigarette ou bien du stress constant qu'elles ressentent en raison de la honte qu'elles ont de s'adonner à des activités dysfonctionnelles comme le magasinage compulsif, le jeu ou encore la dépendance à Internet.

Dans plusieurs cas, des difficultés financières surviennent et celles-ci peuvent avoir des implications considérables. Lorsque les personnes dépendantes nourrissent leur dépendance, elles peuvent parfois oublier de nourrir leur famille. Elles peuvent également négliger d'importants détails financiers comme de payer le loyer ou bien l'hypothèque. Les budgets se volatilisent; le magasinage compulsif devient bien souvent la norme et c'est la pagaille financière qui s'ensuit. Pour une personne ayant de l'affection pour un accro, ce chaos peut se ressentir également dans leur propre vie, comme si cette dernière était en voie de se ruiner.

Les dynamiques de la dépendance

Les stades primaires : Le début du déni

Aux stades primaires de la dépendance, les accros ont tendance à expérimenter au niveau de leurs comportements dysfonctionnels sans être conscients ou inquiets des implications potentielles de la dépendance. Voici quelques exemples typiques :

Greg commence sa consommation de drogue en faisant occasionnellement quelques lignes de cocaïne fournie par ses amis lors de parties. « Rien à craindre » se convainc-t-il lui-même ainsi que toutes les personnes qui osent commenter à propos de sa consommation. Il apprécie de plus en plus la cocaïne chaque fois qu'il se laisse tenter.

Les dépenses excessives de Janet commencent par quelques petits achats qui augmentent graduellement pour en arriver à plusieurs sacs de magasinage remplis d'articles non déballés et laissés dans le coin de sa chambre. Curieusement, elle se sent plus en sécurité sachant ses achats dans sa chambre et elle se dit qu'elle les rangera sous peu. Pendant ce temps, les achats continuent.

Le jeu de Don s'amorce innocemment par des parties de poker hebdomadaires avec ses amis. Il apprécie particulièrement la camaraderie et aime l'effet de gagner, mais il se rend de plus en plus compte qu'il n'aime pas du tout perdre de l'argent.

Au tout début de son désordre alimentaire, Lisa est heureuse de découvrir qu'elle peut manger tout ce qu'elle veut sans avoir à se préoccuper de prendre du poids. Elle est ravie d'avoir trouvé une méthode infaillible afin de conserver sa suralimentation sous contrôle; tout ce qu'elle a à faire est vomir après chaque repas, ce qui lui semble comme étant un juste échange.

Les stades progressifs : La dépendance empire

La nature même de la dépendance est qu'elle est progressive. Ce qui signifie que les symptômes empirent au fur et à mesure que les comportements de dépendance se poursuivent avec des occasions de plus en plus rapprochées.

Au fil du temps, Greg passa d'utilisateur social de cocaïne à utilisateur plus régulier. Il consomme maintenant toutes les fins de semaine et parfois même durant la semaine. Bien qu'il commence à avoir quelques inquiétudes à ce sujet, il n'admettra cela à personne.

Le magasinage de Janet devient un problème de plus en

plus préoccupant avec de nouveaux souliers, des vêtements et des accessoires continuant de remplir la majeure partie de sa garde-robe. Quatre ensembles, jamais portés et portant encore les étiquettes, sont maintenant suspendus dans son placard.

Don est passé de parties de poker hebdomadaires à des fins de semaine complètes passées au casino local. Il est conscient que ses pertes sont bien plus grandes que ses gains et il essaie tant bien que mal de cacher à sa femme la diminution de ses réserves d'argent tout comme ses absences de la maison. Cependant, il se sent contraint de continuer puisqu'il se dit qu'il pourrait bien gagner la prochaine fois.

Lisa se goinfre maintenant plusieurs fois par semaine et elle a toujours hâte au moment où elle pourra se purger puisque sa suralimentation s'est empirée : la nourriture est maintenant sa meilleure amie, lui apportant le confort dont elle a grandement besoin dans sa vie. Bien qu'elle trouve que vomir lui procure parfois une sensation de brûlure dans la gorge et l'estomac, elle tente de se convaincre que le fait de pouvoir manger tout ce qu'elle souhaite sans prendre de poids est toujours la bonne méthode. En plus, le fait qu'elle ait perdu du poids et qu'elle peut maintenant porter des robes deux tailles plus petites l'encouragent à continuer son comportement de dépendance.

Les stades avancés : Les conséquences abondent

Greg a augmenté substantiellement sa consommation de cocaïne. Il n'attend plus d'aller à des parties pour consommer. Au contraire, son usage quotidien a augmenté et il a appris à le cacher à sa famille, à ses amis et à ses collègues de travail. Il se demande parfois si ses amis cocaïnomanes consomment autant que lui, mais il n'ose pas poser la question de peur que sa consommation soit découverte. Puisqu'il a rarement faim lorsqu'il est gelé sur la cocaïne, il a perdu beaucoup de poids. Son métabolisme s'est également endommagé à cause de la quantité de drogue qu'il consomme. La plupart du temps, il se sent nerveux et anxieux et sa famille a remarqué qu'il est beaucoup plus soupe au lait qu'auparavant. Greg commence à s'inquiéter que d'autres personnes soient au courant de sa consommation « secrète » de cocaïne.

Janet a maintenant atteint la limite sur toutes ses cartes de crédit. Elle se réveille souvent à 3 h du matin, inquiète que son mari découvre le problème. Bien qu'elle soit encore en mesure de bien fonctionner au travail, la peur obsessive de perdre son emploi occupe la plupart de ses pensées. Sans travail, Janet sait qu'elle ne pourra pas rembourser ses cartes de crédit et continuer de s'adonner à son magasinage bien-aimé. Elle comprend qu'elle doit arrêter de dépenser, mais elle ne peut pas imaginer sa vie sans le magasinage. Elle ne sait pas à qui en parler ou vers qui se tourner afin d'obtenir de l'aide, alors elle garde toutes ses peurs pour elle. Et elle continue de magasiner.

Don ne semble pas pouvoir cesser de jouer. Il est totalement envahi par la pensée de sa prochaine virée au casino. Il passe et repasse en boucle les erreurs qu'il croit avoir commises aux tables de jeu la dernière fois qu'il y était et il vit avec l'obsession constante de vouloir y retourner au plus vite. Il sait qu'il fera tout ce qu'il peut pour continuer de jouer même si cela signifie de mentir à sa famille et de perdre l'argent qui n'est pas réellement le sien. Il commence à se rendre compte qu'il s'enfonce de plus en plus et qu'il pourrait bien tout perdre.

Les troubles de Lisa sont au plus haut : elle se goinfre et se purge maintenant plusieurs fois par jour. Elle rencontre de plus en plus de problèmes : parfois les parois de son œsophage saignent, son estomac tourne constamment et l'émail de ses dents a commencé à s'éroder. Puisque vomir est maintenant difficile pour elle, Lisa prend des laxatifs, ce qui empire l'état de son système digestif. Elle délaisse parfois complètement sa bien-aimée nourriture en raison des douleurs abdominales qu'elle ressent chaque fois qu'elle mange. Par conséquent, elle a perdu pas mal de poids et les personnes de son entourage commencent à jaser.

Aimez-vous un accro ?

Si vous êtes comme la plupart des gens qui se retrouvent dans une relation avec une personne dépendante, vous ne parlez probablement pas en détail de ce que vous ressentez ou bien de ce que vous vivez. Vous prenez peut-être également des responsabilités non nécessaires pour les comportements de votre être cher, pensant d'une certaine manière que c'est de votre faute et, par conséquent, vous vous sentez vraisemblablement honteux, coupable et vous avez des remords. Vous vous persuadez que la dernière chose que vous désirez c'est que quelqu'un sache ce qui se passe dans votre vie, croyant que personne ne pourrait comprendre. Tout cela peut créer un sentiment d'isolement puisque vous ne réalisez possiblement pas qu'il y a des gens qui se trouvent dans la même situation et qui ressentent exactement les mêmes choses que vous.

Vous avez sans aucun doute essayé de plusieurs manières de changer votre situation, tentant de trouver un peu de répit au travers de votre vie de chaos. Les tendances suivantes sont quelques-unes des plus communes chez les personnes aimant un accro. Prenez conscience du nombre qui s'applique à vous.

- Vous n'en pouvez plus de la douleur et/ou de l'abus dans votre relation.

- Vous criez après la personne dépendante, la menaçant de la quitter si son problème comportemental ne cesse.

- Vous vous plaignez de cette personne auprès de vos amis sachant bien qu'ils ne savent pas comment vous aider.

- Vous protégez l'accro en inventant des excuses pour son comportement.

- Vous prenez des rendez-vous chez le médecin et le thérapeute pour cette personne dépendante, mais seulement pour vous rendre compte que cette dernière ne veut pas y aller.

- Vous tentez de vous convaincre que le problème n'est pas aussi grave qu'il y paraît.

- Vous vous apitoyez sur votre sort, ne comprenant pas pourquoi cela vous arrive à vous et ne sachant pas quoi faire à ce sujet.

En plus, il est possible que vous croyiez que le comportement de l'accro est de votre faute, car vous n'avez pas trouvé la façon de faire cesser la tourmente. Vous pensez peut-être être un mauvais parent ou un mauvais époux puisque vous penser que vous devriez être en mesure de faire quelque chose afin que cette terrible situation cesse. Pour rendre les choses encore plus difficiles, votre accro adoré peut en fait être celui qui porte le blâme sur vous pour ses comportements de dépendance.

Ce n'est pas si grave... Pas vrai ?

Si vous avez une personne activement dépendante dans votre vie, vous êtes probablement un expert dans l'art de vous convaincre ainsi que tout le monde autour de vous que la situation dans laquelle vous vous trouvez n'est pas si grave. Vous avez sans doute maîtrisé l'art du déni. En fait, le déni peut être votre seule façon de justifier la raison pour laquelle vous restez dans cette relation.

Vous avez sans doute vos moments de désespoir, vous demandant pourquoi cela vous arrive. Ou bien, vous vous êtes déjà habitué à la douleur et à l'imprévisibilité, ainsi qu'à l'anxiété de l'attente que votre univers soit de nouveau chamboulé. Vous vivez vraisemblablement dans un tourbillon d'émotions, passant par la peur, la frustration et le désespoir lorsque la situation est au pire et par le soulagement, la confiance et la pensée magique que tout ira bien lorsque la situation est au mieux.

C'est même possible que vous pensiez que c'est normal de vivre de cette façon; vous pensez peut-être que tout le monde vit de cette manière. Vous êtes probablement déjà habitué aux mensonges, à la déception, à la manipulation et à l'égocentrisme de la part de l'accro que cette façon de vivre est devenue en quelque sorte votre zone de confort.

Oui, c'est vraiment aussi grave !

Mais personne ne devrait avoir à vivre comme ça.

Bien que les détails de cette expérience diffèrent sans doute d'une personne à une autre, les émotions que vous ressentez sont bien souvent les mêmes émotions que ressentent toutes les personnes ayant à vivre avec la dépendance d'un être cher.

Quelques-unes des émotions les plus communes incluent :

- la culpabilité et la honte
- la colère et l'anxiété
- la frustration et la peur
- la confusion et l'impuissance
- la désolation et la dépression
- le désespoir et le découragement

Si une personne que vous connaissez abuse de la drogue ou de l'alcool, ou bien si elle s'adonne à d'autres comportements de dépendance tels que les troubles alimentaires, les problèmes de jeu, la cigarette, la dépendance à Internet, les relations abusives, ou les achats excessifs compulsifs, je vous prie de vous rappeler qu'il y a de l'espoir pour que les choses s'améliorent. Ce livre vous le démontrera.

Aider versus Faciliter

Puisque probablement personne ne vous a montré comment améliorer les circonstances quand vous avez à vivre avec une personne ayant des comportements de dépendance, vous ne savez sans doute pas quelles actions peuvent vraiment aider. Si vous lisez ce livre, c'est probable que vous ayez essayé tout ce qui vous est venu à l'esprit pour aider votre être cher dépendant et bien malheureusement sans résultat. Et, en fait, puisque vous n'aviez pas de modèle éprouvé à utiliser, vous avez peut-être facilité la continuité de la dépendance au lieu de l'aider à arrêter.

Lorsque vous facilitez les autres, vous les encouragez involontairement à poursuivre leurs comportements de dépendance. Par exemple, prenons le cas d'une femme dont le mari boit souvent de façon excessive en soirée et parfois jusqu'au point que sa gueule de bois l'empêche d'aller travailler le lendemain matin. Si cela arrive de manière répétée, elle a peut-être pris l'habitude d'appeler le patron de son mari pour l'informer que ce dernier ne se sent pas très bien aujourd'hui et ne peut pas se rendre au travail. En intervenant de la sorte dans leur relation et couvrant ainsi pour son mari, elle lui porte secours et prépare le terrain afin qu'il n'ait pas à prendre ses responsabilités. Ceci constitue de la facilitation de comportement de sa part.

En continuant de protéger son mari des choses auxquelles il ne veut pas faire face, elle découvrira probablement qu'elle-même commence à développer des comportements de dépendance et ces derniers peuvent bien perturber le fonctionnement potentiellement sain de son mariage.

Par exemple, si elle sent qu'elle a besoin de marcher sur des œufs lorsqu'elle est avec son mari de peur de déclencher la colère de ce dernier, ou bien si elle croit qu'elle est d'une manière ou d'une autre responsable du problème de boisson de son mari, elle pourrait ne pas se sentir à l'aise de discuter avec lui des problèmes qu'elle rencontre dans leur relation. Sans ce genre de discussion continue entre les partenaires, les problèmes qui sont déjà difficiles à gérer deviendront encore plus problématiques puisque personne n'agit afin d'y remédier.

Au fur et à mesure que nous parcourrons les dix meilleurs trucs de survie pour aimer une personne dépendante, vous apprendrez comment offrir des choix plus sains et plus efficaces à votre accro bien-aimé. Lorsque vous serez en mesure d'y parvenir, vous ressentirez un sentiment de contrôle réaliste de votre vie. Cela vous amènera également à augmenter votre respect de soi, ce qui est, sans aucun doute, la chose la plus importante que vous pouvez changer chez vous.

Se concentrer sur soi-même

Votre propre rétablissement quant à votre participation dans des comportements dysfonctionnels débute lorsque vous commencez à vous concentrer sur vous-même. Afin de demeurer équilibré et en santé pendant que vous aimez un accro, vous devez vouloir retirer le centre de votre attention et de votre énergie de sur la personne dépendante et de le tourner vers vous.

En parcourant ensemble les dix meilleurs trucs de survie, vous serez guidé afin de regarder à l'intérieur de vous pour mieux comprendre ce que vous pouvez en effet changer dans votre vie et également ce que vous ne pouvez sincèrement pas changer. Par conséquent, vous verrez que quelques changements commencent à se produire au niveau de vos relations avec les autres.

Peut-être que la meilleure nouvelle de toutes, c'est que vous allez développer le respect de soi nécessaire pour vous sentir plus heureux et plus confiant dans votre relation la plus importante, celle à laquelle vous participez en tout temps : la relation que vous avez avec vous-même. En gagnant un contrôle sain de votre propre vie, vous deviendrez ultimement un modèle pour vos accros bien-aimés afin qu'ils prennent contrôle de la leur.

2

COMPRENDRE LA DÉPENDANCE D'UNE NOUVELLE MANIÈRE

Il n'y a rien de simple dans le fait d'aimer une personne qui s'implique activement dans un comportement de dépendance. Afin de bien comprendre comment résoudre les problèmes qui surviennent dans une relation avec un accro, il est essentiel de prendre conscience de la nature de la dépendance. À mesure que vous en apprendrez sur ce qui provoque les comportements de dépendance et la façon dont ces derniers se manifestent, vous serez en mesure de comprendre les meilleures étapes à suivre afin d'améliorer votre situation.

La dépendance, sous toutes ses formes, peut faire échouer même les relations les plus solides. Les personnes en proie à la dépendance active sont, fondamentalement, totalement égocentriques. Elles pensent constamment aux façons d'obtenir leur prochaine dose, que ce soit la prochaine occasion de se suralimenter, de magasiner, de jouer, de fumer une cigarette, de regarder de la pornographie sur Internet ou bien de se défoncer avec une substance psychotrope. Et, selon le coût pécuniaire de leur dépendance, elles peuvent être continuellement à l'affût de moyens financiers, légaux ou non, afin de subventionner leur comportement de façon régulière.

Tout cela laisse bien peu de temps aux accros pour se concentrer sur autre chose et particulièrement sur le lien émotif avec les personnes dans leur vie. Les relations commencent à se défaire, en partie car l'accro ne met pas le temps ou les efforts nécessaires afin de conserver ces relations saines et fonctionnelles. Lorsque les accros abusent de substances psychotropes comme l'alcool ou les drogues, ou lorsqu'ils s'engagent dans des comportements qui influent sur l'humeur comme le magasinage compulsif ou les troubles alimentaires, ils sont tellement occupés à fuir leurs difficultés émotives qu'ils sont également incapables de ressentir la joie et le bonheur que peut apporter l'intimité dans ces relations.

Les trois visages de la peur : les raisons pour lesquelles les gens adoptent des comportements de dépendance

Chacun de nous adopte certains comportements lorsque nous craignons d'affronter notre douleur émotionnelle, spirituelle ou physique, ou lorsque nous ressentons que nous n'avons pas le contrôle de notre vie. Évidemment, certaines dépendances ne sont pas aussi dangereuses que d'autres et, en fait, plusieurs sont socialement acceptables. Par contre, peu importe la façon dont nous tentons de nous soustraire à notre réalité, nous savons d'une certaine manière que nous nous dissimulons. Sous l'effet de notre conscience intérieure, notre respect de soi commence à souffrir.

Les personnes qui s'engagent dans des comportements de dépendance peuvent être assez créatives lorsqu'il s'agit d'en fournir les raisons. La plupart du temps, ces dites raisons sont en fait des excuses pour ne pas avoir à ressentir la peur d'affronter ce qui se passe réellement dans leur vie. Souvent, même lorsqu'un incident relativement bénin survient dans la vie des personnes activement dépendantes, elles préfèrent y échapper plutôt que d'avoir à l'affronter.

Afin d'y arriver, elles trouvent un comportement ou une substance qui leur permettra de se soustraire à leurs difficultés. Dans le domaine des dépendances, cela est connu sous le nom de « lacets cassés » puisqu'un incident aussi banal peut être ce qui pousse l'accro à s'engager dans le comportement choisi. Dans ce cas, la **P-E-U-R** de l'accro signifie réellement **Promptement tout Effacer et Uniquement se Retirer.**

Peu importe le type de dépendance recherchée par les accros, elle sera principalement utilisée afin de changer ce que ces personnes ressentent. La plupart du temps, les accros utilisent ces comportements pour se sentir mieux avec eux-mêmes et avec leur vie. Plutôt que d'être prêts à faire tout ce qui est nécessaire afin d'atteindre un niveau de bonheur véritable et de sérénité, ils vont opter pour une solution rapide qui leur permettra de se sentir temporairement mieux.

D'un autre côté, il y a aussi les gens qui croient au fond d'eux-mêmes qu'ils ne méritent pas d'être heureux; ce sont ceux qui vont s'autosaboter lorsque de bonnes choses leur arrivent. Les gens qui ont de la difficulté à accepter les bonnes choses dans leur vie peuvent décider de « célébrer » un événement heureux en allant au bar, au casino ou au centre commercial. Mais, en fin de compte, ils finiront probablement par se sentir bien pire puisqu'ils auront permis au comportement de dépendance de prendre le dessus plutôt que d'être en mesure d'apprécier le bonheur.

Ensuite, justifiés par un raisonnement erroné, ils peuvent bien décider que la vie est injuste et que jamais rien de bien ne leur arrive. Ils peuvent se sentir inquiets même lorsqu'ils vivent de bons moments, puisqu'ils sont convaincus que quelque chose de négatif les attend. Les personnes qui réagissent de cette façon aux situations ne voient pas leur vie de manière réaliste. Quand cela se produit, la P-E-U-R peut être définie par **Preuve Erronée semblant Ultra Réaliste.**

Lorsqu'une personne dépendante prend la décision d'arrêter de se cacher de la réalité, en revanche, tout est possible. Même un accro actif ayant été diagnostiqué avec quelque chose d'aussi important qu'une maladie mortelle peut décider d'utiliser cette situation comme un tremplin afin d'arrêter de s'adonner à la dépendance et vivre avec plus d'intégrité, et ce, d'une manière plus respectueuse envers lui-même. Si cette personne prend la décision de faire face à la réalité de plein front, un comportement de dépendance ne sera pas nécessaire. Dans ce cas, la P-E-U-R peut se traduire par **Plus d'Évitement, Ultimement le Rétablissement.**

Qu'est-ce qu'est réellement la dépendance ?

Il existe plusieurs écoles de pensées sur ce qu'est vraiment la dépendance et ce qui la cause réellement. La plupart des gens qui participent avec succès à un programme des 12 étapes, tels que les Alcooliques Anonymes, les Outremangeurs Anonymes, les Joueurs Anonymes ou encore Al-Anon, croient que la dépendance tire son origine dans l'affection médicale, la considérant ainsi une maladie. Sachant qu'il n'existe aucune cure réelle pour guérir la dépendance, mais que le rétablissement est possible une journée à la fois, ils participent à des rencontres et suivent les 12 étapes prescrites du programme.

D'autres personnes se demandent si une sensibilité physique aux substances psychotropes, faisant en sorte qu'une personne se sente impuissante quant à leur usage, puisse exister. Puisque certaines personnes peuvent ressentir une réaction toxique lorsque certains types de drogue ou d'alcool sont introduits dans leur système, elles croient que ces personnes vivent une réaction allergique à ces substances, « perdant le contrôle » lorsque ces dernières sont ingérées.

Aussi, il y a eu beaucoup de spéculations (mais aucune preuve scientifique absolue au moment d'écrire ces lignes) à savoir si une composante génétique doit être prise en compte dans la dépendance aux substances psychotropes. Si un lien génétique existe entre l'abus d'alcool ou de drogues, il y aurait donc une plus grande probabilité que les accros se tournent vers ces substances si une personne dans leur famille d'origine, ou même dans leur famille éloignée, a des antécédents d'abus de substances. Toutefois, ce n'est pas le cas avec toutes les personnes qui ressentent une dépendance physique à des substances psychotropes. Bien que je sois devenue accro aux drogues et à l'alcool, par exemple, il n'y a pas d'antécédents de la sorte dans ma famille d'origine. Manifestement, plus de recherches sont nécessaires afin qu'un lien génétique définitif soit considéré.

Des divergences sont notées avec l'utilisation de

comportements de dépendance influant sur l'humeur tels que les troubles alimentaires, les problèmes de jeu, la cigarette, la dépendance affective et/ou sexuelle et les achats excessifs compulsifs. Lorsque les gens se laissent tenter par ces dépendances, c'est souvent parce qu'ils ont regardé leur modèle, particulièrement leurs parents, utiliser ce genre de comportements adaptatifs afin de se sentir mieux à propos de ce qui va mal dans leur vie. Dans ce cas, il n'y aurait pas de composante génétique, mais plutôt un évitement basé sur le « fait ce que je fais ». Les arguments actuels sont à savoir si ces formes de dépendance sont un produit de la nature (biologique, génétique) ou un produit de l'éducation (l'environnement, l'imitation d'un modèle).

Deux caractéristiques principales essentielles de la dépendance doivent être prises en compte afin d'avoir une bonne compréhension de la manière dont la dépendance se déroule : la tolérance et la privation. La *tolérance* signifie que, au fil du temps, de plus en plus de la substance ou du comportement choisi sera nécessaire afin d'atteindre et de maintenir le même effet. Pour une personne qui abuse des drogues ou de l'alcool, il ne faudra pas beaucoup de temps avant que l'accro réalise qu'il a besoin d'augmenter la dose de la substance qu'il ingère afin d'atteindre la même ivresse. De même, pour un accro au magasinage ou au jeu, des sorties supplémentaires au centre commercial ou au casino seront nécessaires afin d'obtenir l'effet recherché. Le principe est similaire pour une personne boulimique qui va se goinfrer et se purger de plus en plus fréquemment au fil du temps. Toutefois, une tolérance inversée existe pour une personne anorexique qui aura besoin de manger de moins en moins afin d'atteindre les résultats exigés de perte de poids.

La *privation* fait référence à l'inconfort que ressentent les accros lorsqu'ils cessent leur comportement de dépendance. Par définition, la privation implique une réaction douloureuse qui est toujours émotive et parfois physique, selon la dépendance choisie. La privation d'alcool ou de drogue résultant d'abus prolongé sera souvent physiquement grave de nature, tandis qu'une personne ayant une dépendance à Internet ou bien étant codépendant[1] dans ses relations n'entraînera généralement pas les mêmes inconforts physiques. Que la dépendance soit à une substance ou à un comportement, néanmoins, la privation affectera l'accro émotionnellement, déclenchant des sentiments tels que la colère, la peur, la dépression et l'anxiété.

En vérité, la dépendance elle-même est en fait un symptôme de troubles émotifs plus profonds, précisément ce que l'accro tente d'éviter d'affronter et de résoudre. C'est tout à fait compréhensible de vouloir se sentir bien le plus souvent possible. Cependant, lorsque des comportements de dépendance sont utilisés afin d'atteindre ce sentiment de bien-être, il n'y aura pas de

---

1. La « codépendance » peut se définir simplement comme étant le fait de mettre les besoins des autres avant ses propres besoins, de façon assez régulière.

sérénité saine et durable. Au contraire, il peut seulement y avoir une aggravation des problèmes. Apprendre à faire face aux réalités de la vie ne se produira pas tant que certaines « fantaisies » seront impliquées. *La seule façon de réellement maîtriser la dépendance est de découvrir ce qui la cause à la base.* Ce n'est jamais assez de seulement traiter la dépendance actuelle; afin de récupérer complètement, il est nécessaire de développer le courage d'approfondir. Il est vital de découvrir les traumas passés et de guérir les séquelles émotives qui créent encore de l'inconfort dans la vie d'une personne.

Le travail important pour vous, cependant, l'être aimé d'un accro, est de développer votre propre respect de soi. Vous devez apprendre à cesser d'entretenir les personnes dépendantes en devenant prêt à leur permettre de trouver leur propre voie et même de toucher le fond. C'est ce qui les guidera à choisir la voie de la guérison. Nous en reparlerons plus en détail dans les chapitres à venir. Ce n'est pas à vous de les aider à découvrir leurs problèmes plus profonds; ils peuvent avoir besoin de l'aide d'un professionnel qualifié pour y arriver. Si vous trouvez difficile de vous détacher avec amour, vous voudrez peut-être également aller chercher l'aide d'un professionnel pour vous, afin d'aller de l'avant avec votre vie.

Les types de dépendance : La différence entre psychotrope et influant sur l'humeur

Bien qu'il existe beaucoup de similitudes dans la façon dont les accros se comportent selon le choix de leur dépendance, des types uniques de comportement sont associés à différentes formes de dépendance.

Un type de comportement de dépendance adopté par certaines personnes fait référence à la dépendance aux substances psychotropes. Les substances chimiques comme l'alcool et les drogues sont utilisées par les personnes désirant s'échapper complètement de leur réalité et ressentir ce qui est communément appelé un état d'ivresse.

Lorsque des personnes se lancent dans l'utilisation de substances psychotropes, elles ne sont généralement pas capables de maintenir le même niveau efficace de fonctionnement que lorsqu'elles n'en consomment pas. Les personnes qui consomment même une quantité infime d'héroïne, de cocaïne ou de méthamphétamines, par exemple, trouveraient probablement difficile de travailler lorsqu'elles sont défoncées puisque ces drogues altèreraient sérieusement leurs processus mentaux logiques et rationnels. Elles seraient jetées dans un état mental altéré où la réalité et la fantaisie se rencontrent et, parfois, elles deviendraient incapables de faire la différence entre les deux.

Même si les gens deviennent généralement

cognitivement déficients lorsqu'ils consomment une quantité même infime de drogues psychotropes, ingérer de l'alcool peut avoir un effet différent selon la quantité consommée dans un temps donné. Par exemple, prendre une bière ou un verre de vin avec le repas du midi lors d'une journée de travail n'entraînera probablement pas de déficiences graves ou durables dans le fonctionnement d'une personne. Toutefois, si des personnes consomment plusieurs verres au même repas du midi, ou bien si elles souffrent de la gueule de bois et décident tout de même de consommer encore plus d'alcool, il y aura évidemment un changement plus considérable au niveau de leur fonctionnement et de leur perception.

L'autre type de comportement de dépendance choisi est connu comme étant une dépendance influant sur l'humeur. Cela peut inclure les troubles alimentaires, les achats excessifs compulsifs, les problèmes de jeu, la cigarette, la mauvaise conduite sexuelle et la codépendance continue dans les relations. Bien que ces comportements influant sur l'humeur ne créent pas la même sorte d'ivresse physique ou mentale que les substances psychotropes, ils répondent au même but de dépendance recherché, soit d'apporter un soulagement à la vie quotidienne.

Par exemple, creusons un peu plus loin dans la vie de Janet, notre acheteuse compulsive du chapitre 1.

Lorsqu'elle entame sa routine de conduite vers le centre commercial, Janet est concentrée sur l'excitation de ses achats imminents. Dès son entrée dans sa boutique préférée, tout comme bien des fois auparavant, elle ne pense plus à sa vie de solitude. Janet aime bavarder avec les vendeuses familières qui lui donnent leurs opinions sur ce qu'elle envisage d'acheter, se sentant ainsi moins seule, une conversation à la fois. Sa joie passagère donne l'impression d'être si entière qu'elle ne pense pas à l'immense dette qu'elle a accumulée en raison de sa dépendance continue au magasinage. Sa réalité lui échappe complètement lorsqu'elle entre dans un état déformé de béatitude passagère, jetant un coup d'œil à la marchandise, effectuant ses sélections, sortant sa carte de crédit et signant son nom une fois de plus sur la ligne pointillée.

Même lorsqu'elle transporte ses sacs à sa voiture et puis dans sa maison, Janet est toujours en vacances de sa vraie vie. Elle ressent son habituelle ivresse émotionnelle provenant de tous les vêtements et les accessoires qu'elle a achetés et, juste pour un peu plus longtemps, tout semble légitime dans le monde. C'est seulement plus tard, lorsqu'elle suspend ses nouveaux articles dans son placard déjà rempli de vêtements jamais portés et portant toujours les étiquettes, qu'elle commence à ressentir la culpabilité et les remords familiers qu'elle a déjà ressentis plusieurs fois auparavant. Elle se demande ensuite pourquoi elle a acheté encore plus de choses dont elle n'a vraiment pas besoin. Elle éprouve une fois de plus

> un sentiment de honte notable alors qu'elle se dit à quel
> point elle a été stupide d'avoir dépensé tout cet argent
> une fois de plus.

La plus grande différence entre la dépendance aux psychotropes et la dépendance aux comportements influant sur l'humeur consiste à savoir si la capacité mentale de la personne est diminuée. Chacun de ces types de dépendance sert le même but, soit de protéger temporairement les accros de leur propre vie difficile. Peu importe quel « comportement de choix » spécifique l'accro dans votre vie perpétue, les montagnes russes émotionnelles et le style de vie chaotique vont ultimement vous sembler très similaires si vous aimez une personne qui choisit de continuer dans la dépendance active.

La dépendance comme choix

Que la dépendance soit une maladie, une allergie, le résultat d'une programmation génétique ou un produit de la socialisation, lorsqu'une personne se lance dans le comportement de dépendance, cela découle ultimement d'un choix personnel. Plusieurs personnes vivant avec une dépendance admettent qu'elles font le choix d'utiliser leur comportement de dépendance. Qu'elles choisissent une dépendance aux substances psychotropes ou aux comportements influant sur l'humeur, ce qu'il faut retenir c'est qu'*elles prennent la décision de se lancer dans un comportement qui finit par leur causer de nombreuses difficultés dans la vie*. Même si au départ elles prennent cette décision afin de faire cesser leur douleur, l'ironie suprême c'est que, dans tous les cas, la douleur ne fait qu'empirer au fur et à mesure que la dépendance s'intensifie.

Le concept de choix peut être plus difficile à comprendre lorsqu'on touche à une dépendance aux substances psychotropes. Dans les programmes de 12 étapes, l'étape 1 identifie clairement que les accros sont impuissants en ce qui concerne leur dépendance, peu importe la façon dont ce comportement se manifeste. Si cela est vrai, les accros peuvent se demander comment l'utilisation d'une substance psychotrope peut-elle réellement être un choix?

Voici la réponse à cette question : même si les gens ont une allergie ou une prédisposition génétique à une substance qui leur fait perdre tout bon sens lorsqu'ils en consomment, ils ont, au départ, toujours le choix de prendre la décision de consommer. Des millions de consommateurs de substances considèrent qu'ils ont la « maladie de la dépendance », pourtant ils sont capables de se rétablir lorsqu'ils *prennent la décision* d'arrêter de consommer.

Que vos êtres chers aient des dépendances aux substances, des dépendances comportementales ou bien les deux et que ce soit le résultat d'une maladie ou d'un trouble génétique hérité, les accros ont en fin de compte un choix : ils peuvent continuer de s'impliquer dans leur dépendance ou ils peuvent arrêter. Ils peuvent ne pas être responsables d'être devenus accros, selon une multitude de circonstances, mais ils sont à 100% responsables de leur rétablissement relativement à ces comportements de dépendance. La pure et simple vérité est que cela est vrai autant pour les accros que pour les facilitateurs des accros. En fin de compte, tout ce qu'il faut, c'est de prendre la décision d'arrêter.

Bien entendu, c'est presque toujours plus facile à dire qu'à faire. Pour la plupart des gens, un rétablissement réussi en ce qui a trait aux comportements de dépendance nécessite un travail intérieur difficile combiné à des sentiments temporaires d'inconfort. Il y a des gens qui sont disposés à accomplir ce travail et à ressentir cet inconfort tandis que d'autres ne le sont pas. C'est un choix.

Les personnes qui sont affectées par la dépendance d'un être cher doivent également accomplir leur propre travail intérieur afin d'apprendre à arrêter de faciliter et de commencer à aider. Si vous aimez une personne dépendante, rappelez-vous que vous avez votre propre zone de confort pour vous échapper, vos propres comportements de dépendance sur lesquels vous avez probablement dépendu depuis un bon moment. Vous devrez prendre la même décision que n'importe quel accro. Si votre choix est d'être en santé et entier malgré les problèmes de votre être cher, alors il est temps de poursuivre vers les dix meilleurs trucs de survie pour aimer une personne dépendante.

3

TRUC DE SURVIE NO 1 : REGARDEZ LA RÉALITÉ EN FACE

« Si vous faites toujours ce que vous avez toujours fait,
vous obtiendrez toujours ce que vous avez toujours obtenu. »
-Albert Einstein

Nous savons tous que, dans la vie, il y a des journées plus difficiles que d'autres. En fait, si vous aimez un accro, votre vie quotidienne peut être si difficile que la dernière chose que vous souhaitez est d'être confronté à la dure réalité de la sévérité de votre situation. Parfois, tout ce que vous désirez est soit de crier et de lancer des objets ou bien de pleurer toutes les larmes de votre corps au fond de votre placard.

Peu importe l'aspect que prend la dépendance de votre être cher, se préoccuper d'un accro peut être un travail difficile et ingrat. Vous pouvez avoir à gérer son imprévisibilité, ne sachant jamais lorsque la prochaine scène de comportements monstrueux et égoïstes se produira. Les accros ont souvent l'habitude de dire tout ce qui leur passe par la tête, sans avoir la délicatesse de réaliser que leurs propos peuvent blesser les gens autour d'eux. C'est la raison pour laquelle la violence verbale est si fréquente dans les relations avec les personnes ayant une dépendance.

Les montagnes russes Jekyll et Hyde de l'instabilité émotionnelle peuvent laisser les familles et les amis vidés et épuisés. Par exemple, vous ne pouvez pas toujours savoir quand un alcoolique sera un « joyeux ivrogne » ou un « ivrogne déchaîné ». Ou encore, vous ne savez peut-être pas lorsque la prochaine période de mauvaises conduites sexuelles se produira chez un accro du sexe. Ce type d'imprévisibilité combiné au potentiel d'instabilité physique de ce genre de relation peut entraîner de l'anxiété, de la dépression et des maladies liées au stress, ainsi que de la violence conjugale et autres formes d'agressions physiques, émotionnelles ou sexuelles.

Vous dépensez peut-être beaucoup de votre énergie à tenter de vous échapper de la douleur de votre situation telle qu'elle est, préférant vous garder occupé avec d'autres distractions que vous jugez plus faciles à gérer. Cependant, le problème avec ces distractions est que si elles continuent d'être ignorées, elles peuvent finir par se développer en vos propres comportements de dépendance. Bien qu'il soit important d'avoir des activités que vous appréciez dans votre vie afin que vous ne soyez pas toujours terrassé par la douleur causée par la dépendance de votre être cher, il est tout aussi important d'apprendre à confronter votre réalité plutôt que de la fuir.

Plusieurs adultes qui se trouvent dans des relations avec des accros avaient des relations semblables étant enfants. Ce n'est pas inhabituel pour un enfant d'un parent alcoolique, par exemple, de grandir et de se marier avec une personne avec une dépendance aux substances psychoactives. Si c'est votre cas, vous n'avez jamais rien connu d'autre que le dysfonctionnement et la dépendance dans vos relations; vous douter peut-être que les choses puissent être différentes. Il est important que vous compreniez que *vous n'avez pas à vivre de cette façon.* Il existe des options à la douleur que vous ressentez en ce moment.

Secrets et mensonges

Pour la plupart des gens qui se préoccupent d'un accro, la vie est remplie de secrets. Non seulement il est difficile pour vous d'accepter la réalité de votre propre situation, vous pouvez également ne pas souhaiter que quiconque la connaisse par peur du jugement des autres. Et, puisque la plupart des gens ne parlent pas ouvertement d'à quel point il est difficile d'aimer une personne dépendante, vous n'avez probablement aucune idée du très grand nombre de personnes qui ont à gérer exactement les mêmes problèmes auxquels vous êtes confrontés.

Dans vos tentatives désespérées de nier votre réalité et les sentiments de honte et de culpabilité que la vérité peut entraîner, il est possible que vous ne reconnaissiez pas que les personnes dans votre vie peuvent en réalité être bien conscientes des problèmes que vous avez à gérer, et ce, même si vous ne leur en avez pas parlé. Également, parce que vous imaginez que vous êtes tellement bon à cacher la vérité aux autres, il se peut que vous soyez devenu encore meilleur à vous la cacher à vous-mêmes. Vous pouvez même finir par être la dernière personne à réaliser la gravité de la dépendance de votre être cher, ou encore à réaliser comment votre souffrance est évidente pour les autres.

Prétendre que les choses ne sont pas aussi graves qu'elles le sont ne les améliorera pas. Faciliter des personnes vivant avec des comportements de dépendance, plutôt que de vraiment les aider à vaincre leur dépendance, aggravera la situation. Vivre dans un univers fantastique et refuser de voir la réalité en face n'amélioreront pas magiquement votre situation. En fait, l'amélioration magique n'existe pas.

Quel que soit le type de dépendance dans lequel une

personne choisit de s'engager, aimer un accro pratiquant garantit qu'il y aura de la malhonnêteté et de la manipulation dans votre relation. Les accros ont besoin d'ajuster leur vie de façon à s'assurer qu'ils auront le temps de se livrer à la dépendance de leur choix. Passer du temps avec leurs proches n'est souvent pas bien haut dans leur liste de priorités, ce qui peut vous laisser insatisfait et avec une sensation de vide émotif.

Alors que les mensonges sont prononcés et les promesses sont brisées à maintes reprises, les déceptions, l'abus de confiance et la tristesse deviennent la norme. Dans plusieurs cas, les violentes querelles vont se transformer en colère, ou même en rage, alors que l'accro tente de vous blâmer pour ce qu'il ou elle est en fait responsable de faire. « Si tu ne me cassais pas toujours les pieds », pourrait dire l'accro, « je n'aurais pas besoin de boire [faire l'usage de drogues, fumer, me suralimenter, magasiner autant, passer tout mon temps sur Internet, etc.] comme je le fais ». Bien entendu, ce n'est jamais vrai; c'est seulement la façon que l'accro choisit pour contourner ses propres responsabilités. Néanmoins, votre peur d'affronter l'accro peut vous empêcher de vous affirmer. Les sautes d'humeur imprévisibles peuvent faire paraître la communication extrêmement difficile et problématique et différents types de violence (physique, émotionnelle, verbale et même sexuelle) peuvent survenir, se développant souvent en modèles négatifs et semblant de toute évidence inextricables.

Toutes les personnes impliquées dans ces relations souffrent, alors que les schémas relationnels typiques sont remplacés par une dynamique malsaine après l'autre. Les époux, les compagnons, les parents, les enfants, les frères et les sœurs, les amis et les collègues ressentent tous différents niveaux de stress lorsque des comportements de dépendance de toute sorte sont présents. Bref, la vie est difficile.

Vous avez peut-être déjà entendu le dicton « Il n'est pire sourd que celui qui ne veut pas entendre. » Si vous ne confrontez pas votre propre réalité, c'est tout comme si vous aviez développé une forme de dépendance à votre tour : vous pouvez être « accro » au déni ou à la fantaisie, prétendant que les choses sont différentes de ce qu'elles sont en réalité. Ou bien vous êtes peut-être accro au chaos et au drame qui sont si souvent présents dans ce type de relations. Dans les deux cas, vous pouvez devenir hésitant à vouloir vous sortir de cette affectation de façon à ce que vous n'ayez pas à faire de changements inconfortables en vous-même.

Il est essentiel de comprendre que lorsqu'il s'agit de vos propres comportements, votre utilisation du déni et de la fantaisie peut prendre une tournure encore plus menaçante. Faire le choix de vous détourner de votre réalité affectera négativement votre très important sens du respect de soi. Dans le cas de votre proche dépendant, cette décision peut pratiquement signifier la différence entre la vie et la mort.

Les façons d'éviter la dure réalité

La dépendance prend plusieurs formes, avec une grande variété de conséquences. Selon le comportement dysfonctionnel auquel se livre votre être cher dépendant, vous pouvez vous retrouver à ressentir une constante et tenaillante inquiétude avec laquelle vous devez vivre quotidiennement, vous demandant s'il ou elle est en sécurité. Ou bien vous pouvez vous retrouver à souvent être sollicité pour de l'argent et à vous sentir coupable de refuser, inquiet que votre être cher puisse par conséquent se résoudre à utiliser des moyens illégaux afin de trouver l'argent. Vous sentez peut-être que vous devez faire attention à tout ce que vous dites ou faites afin de « préserver la paix » dans votre demeure, pour empêcher l'accro dans votre vie de se fâcher ou de devenir violent. Vous pouvez également être sollicité à rendre des services à l'accro sur une base régulière, tel que garder les enfants ou faire les courses, et il est possible que vous ne sachiez pas comment dire non. Si des enfants sont impliqués, vous pouvez être légitimement inquiet à leur sujet et vouloir intervenir afin d'assurer leur sécurité. La vérité c'est que dire *oui* de façon répétée à de telles demandes permet de faciliter les accros bien plus que de les aider. Mais, puisque vous pouvez vous sentir totalement impuissant, épuisé ou résigné, vous choisissez peut-être de simplement céder aux demandes de votre être cher bien que vous soyez conscient des conséquences.

Afin d'éviter de confronter votre dure réalité, vous avez peut-être déjà découvert que quelques-uns des comportements suivants semblent vous aider, à titre de personne aimée d'un accro, à trouver un soulagement à votre stress et à rendre votre vie plus facile.

- **Le déni:** le refus d'accepter ou d'admettre ce qui est vrai. « Tout va bien, je suis bien avec les choses telles qu'elles le sont. »

- **Rationaliser :** inventer des excuses pour expliquer les raisons pour lesquelles votre vie est telle qu'elle est et les raisons pour lesquelles elle ne changera pas. Bref, quand vous rationalisez, vous vous comptez en réalité des *mensonges rationnels*. « Il a un travail si difficile et il est sous tellement de pression qu'il a besoin de boire afin de se détendre » ou encore « Je peux la changer si je l'aime assez et que je fais tout ce qu'il faut. »

- **Accuser :** dévier le centre d'attention sur une autre personne ou une situation afin d'éviter d'avoir à prendre ses responsabilités. « Mon conjoint n'apprécie pas tout ce que je fais pour lui. » ou bien « Si tu mettais de l'ordre dans ta vie, je n'aurais pas besoin de te harceler autant. »

- **S'auto-accuser:** tourner le sentiment d'accusation vers soi et se blâmer. C'est souvent la façon dont les codépendants et les accros aux relations surmontent leur stress et leur peine. « Je dois être un terrible parent (conjoint, époux, enfant, ami). Je dois d'une certaine manière mériter ce genre de traitement. »

- **Minimiser** : diminuer la gravité de votre situation. « C'est correct si parfois il ne va pas travailler parce qu'il a la gueule de bois – au moins il a un travail » ou encore « Même si elle dépense tout son argent au centre commercial, au moins elle n'est pas à la rue à faire l'usage de drogues. »

- **La colère et l'hostilité**: avoir l'habitude de repousser les gens lorsque vous ne voulez pas avoir à faire face à leurs questions ou à leurs inquiétudes. Cette technique est souvent utilisée en tandem avec d'autres formes de déni. « De quoi parles-tu, il faut que j'établisse des limites? Ne me dis pas comment je dois vivre ma vie! » ou bien « Je fais de mon mieux, alors laisse-moi tranquille! »

- **L'aveuglement** : vous convaincre que vous n'avez pas réellement de problème. « Pourquoi est-ce que j'en fais un tel drame? Ma vie est bien telle qu'elle est » ou « Si je l'aime assez, il va changer. »

Évidemment, il est normal que vous souhaitiez éviter de voir la réalité de la situation dans laquelle vous vous trouvez. Personne sain d'esprit ne souhaite ressentir de la douleur, et c'est la raison principale pour laquelle les gens développent d'emblée des comportements de dépendance. En définitive, cependant, la dépendance sous toutes ses formes ne cause seulement que plus de peine.

Confronter la réalité

Lorsque vous aimez une personne vivant avec un comportement de dépendance, il est facile de penser que vous vivez déjà dans la réalité. Puisque la vie est déjà difficile et chaotique dans ce contexte, vous sentez que si vous n'êtes pas constamment sur le qui-vive, les choses pourront facilement empirer.

Il n'y a rien de réjouissant à être confronté aux problèmes qu'amène la dépendance. Pourquoi, dans ce cas, est-ce que le truc de survie no 1 est de confronter la réalité ? Ne serait-ce pas plus facile de trouver une façon de prétendre que ce n'est pas vraiment en train de se produire ?

En fait, confronter la réalité et émerger du fantasme que les choses vont simplement, d'une manière ou d'une autre, s'améliorer est réellement la première étape la plus importante pour survivre lorsque vous aimez un accro. Cela signifie d'accepter que des parties de votre vie soient hors de contrôle en raison de votre amour pour une personne qui se livre à des comportements de dépendance.

Plusieurs personnes avec des proches ayant des dépendances pensent qu'elles devraient être celles en contrôle, surtout parce que les accros sont manifestement hors de contrôle. Si vous êtes l'époux, le conjoint, le parent, l'enfant ou l'ami d'un accro, il peut vous être difficile de reconnaître que vous n'avez pas le contrôle de tout et de tout le monde dans votre vie. Il est possible, toutefois, que vous trouviez plus facile d'accepter cette réalité que de continuer à vivre avec le chagrin que votre fantasme de contrôle a créé. Prendre la décision de sortir de votre zone de confort pourrait vous mener à trouver plus de paix et de satisfaction que vous estimiez possible dans votre situation actuelle.

La vieille citation « Si vous faites toujours ce que vous avez toujours fait, vous obtiendrez toujours ce que vous avez toujours obtenu » n'a pas résisté à l'épreuve du temps par hasard. Et maintenant, à cet instant, la chose la plus importante que vous puissiez faire est de reconnaître qu'il est possible que vous utilisiez certains comportements afin d'éviter de gérer votre pénible situation et de changer en décidant de confronter votre réalité.

4

TRUC DE SURVIE NO 2 : DÉCOUVREZ COMMENT AIMER UNE PERSONNE DÉPENDANTE ET RESTER SAIN

« Les gens sont comme des vitraux. Ils brillent tant qu'il fait soleil, mais, quand vient l'obscurité, leur beauté n'apparaît que s'ils sont illuminés de l'intérieur. »

-Elisabeth Kubler-Ross

Rester en santé à tous les niveaux – physique,

émotionnel, mental ou spirituel – peut être un défi même dans les meilleures circonstances. Ce n'est pas toujours facile de trouver l'équilibre dont nous avons besoin et de le mettre en pratique quotidiennement. Cependant, lorsque nous aimons une personne dépendante, ce défi devient de plus en plus intense et encore plus nécessaire.

Puisque la dépendance est liée à plusieurs façons dysfonctionnelles et malsaines d'interagir avec les autres et avec le monde en général, le concept d'être en santé est bien souvent abandonné, alors que vous sentez que vous ne faites que survivre à vos circonstances. Mais, cela n'a pas du tout à être le cas dans votre vie !

Tout comme il y a des manières efficaces de gérer l'accro dans votre vie, il y a aussi des moyens qui ne sont pas seulement moins efficaces, mais qui peuvent en réalité être dangereux puisqu'ils prolongent la dépendance. Apprendre la différence entre les deux est essentiel et deviendra extrêmement important pour la gestion de vos besoins personnels. Non seulement vous économiserez beaucoup de temps et d'énergie en interagissant avec les autres de façon plus respectueuse de vous-même, mais vous serez également témoin de résultats beaucoup plus sains pour vous et pour votre être cher dépendant.

Une compétence importante que vous aurez peut-être à apprendre ou à rafraîchir est d'établir et de maintenir des limites appropriées avec les gens autour de vous, accro ou non. Si cela vous donne du fil à retordre, il vous sera important d'explorer les raisons de votre réticence. À mesure que vous vous comprendrez mieux à ce niveau, vous pourrez apprendre quelques techniques d'affirmation de soi pour vous aider à dire *oui* lorsque vous voulez dire *oui*, et à dire *non* lorsque vous pensez *non*.

Le dilemme de Janna

Janna, une brillante et séduisante jeune femme de vingt-huit ans avec un bon travail, avait plusieurs amis proches et une vie active. Son conjoint des deux dernières années, Steve, aimait aller au bar avec ses collègues après le travail, souvent et de façon régulière. Janna s'est plainte à ce sujet à plusieurs reprises et elle a fréquemment demandé à Steve de rentrer à la maison après le travail à la place afin qu'ils puissent passer du temps de qualité ensemble. Cependant, plutôt que de rentrer à la maison, ce dernier a commencé à lui demander de venir au bar avec lui. Sa logique était qu'elle apprendrait à connaître ses amis et ses collègues et qu'ainsi elle sentirait qu'elle faisait partie de sa vie sociale.

En théorie, ce pourrait être une solution occasionnelle saine. Mais, dans ce cas, Steve utilisait des comportements manipulateurs avec Janna parce qu'il n'avait en fait, la majorité du temps, aucune intention de rentrer à la maison après le travail. Le plan de Steve était de continuer à aller au bar plusieurs soirs par semaine.

Lorsque Steve refusa de prendre ses plaintes sérieusement, Janna décida de le rejoindre de façon régulière. Pour ce faire, elle se surprit souvent à éviter ses propres amis, puisqu'elle savait qu'ils n'approuveraient pas sa décision. Graduellement, elle laissa tomber les activités qu'elle appréciait afin de passer plus de temps avec Steve au bar. Elle commença également à boire plus qu'elle ne le faisait auparavant. Au fil du temps, elle commença secrètement à se demander si elle-même n'avait pas une dépendance à l'alcool.

Janna savait qu'elle ne faisait pas des choix sains en accommodant les désirs de Steve de cette manière, mais elle essayait de ne pas y penser. Toutefois, elle ne put rester dans le déni bien longtemps avant que son respect de soi ne commence à s'éroder. Elle avait souvent la gueule de bois le matin et la qualité de son travail commençait à se détériorer. Janna n'aimait pas la façon dont elle se sentait physiquement et émotionnellement, mais elle avait peur de perdre sa relation avec Steve si elle créait des vagues. Alors qu'elle devenait de plus en plus apeurée et collante avec Steve, ce dernier s'éloignait et devint de plus en plus critique envers elle. Janna trouvait de plus en plus difficile de rationaliser et de minimiser les problèmes causés par son propre comportement dysfonctionnel.

Pour empirer les choses, la cruauté émotionnelle qu'elle avait déjà à endurer à la maison empira : plus Steve buvait au cours des soirées qu'ils passaient ensemble au bar, plus il devenait verbalement violent envers Janna devant ses collègues et ses amis. Il racontait des histoires peu flatteuses à son propos et il commença même à l'insulter en la traitant « d'idiote » et de « salope ».

Bien que Steve fût plutôt en train de s'embarrasser devant ses amis, Janna se sentait bien souvent dévorée par la honte. Mais puisqu'elle avait peur d'établir des limites avec Steve, elle tolérait l'aggravation de son comportement. En réalité, elle était plutôt intimidée par la mauvaise humeur de Steve, mais elle n'avait pas encore d'expérience avec l'affirmation de soi dans ce type de confrontation. Afin de tenter de donner un sens à ce qui était en train de se produire, Janna s'est convaincue qu'elle devait en quelque sorte mériter ce type de traitement; si elle pouvait simplement, d'une manière ou d'une autre, s'améliorer, Steve arrêterait de se comporter de cette façon.

Janna a grandi avec un père alcoolique et émotionnellement et physiquement violent qui passait les mêmes commentaires sur elle et sur sa mère. Bien qu'elle n'en fût pas encore consciente, c'est ce qui a créé le fondement de sa croyance erronée concernant le fait qu'elle croit mériter ce type de mauvais traitements. Elle était tellement habituée d'être traitée de manière irrespectueuse par son père ainsi que par les hommes avec qui elle est sortie, qu'elle n'a même pas envisagé de confronter Steve au sujet de son comportement agressif. Permettre aux gens de la maltraiter de la sorte, et du coup se manquer elle-même de respect, faisaient partie de la zone de confort de Janna. Malgré qu'elle n'appréciait pas être maltraitée, elle y était habituée et, donc, elle était « à l'aise » avec ce type de comportements. Par conséquent, Steve pouvait continuer de mal se comporter sans avoir à faire face aux conséquences négatives, quelles qu'elles soient.

Au bout du compte, Janna est devenue si dépressive et anxieuse qu'elle s'est trouvée à mettre son travail en péril. Une évaluation négative de la part de son superviseur lui servit de rappel à l'ordre, et, à ce moment, elle prit la décision de confronter sa réalité. Elle alla chercher de l'aide et, avec l'assistance d'un thérapeute qualifié, Janna fut en mesure d'explorer les raisons pour lesquelles elle avait autant de difficulté à établir des limites avec Steve. Elle commença également à comprendre pourquoi elle lui permettait de la maltraiter si souvent et de façon si irrespectueuse.

Au fil de ses séances de thérapie, Janna développa sa conscience personnelle et commença à en apprendre plus sur elle-même. Elle comprit comment le fait de grandir avec un père alcoolique et violent ainsi qu'avec une mère passive et codépendante avait façonné sa personnalité. Elle commença également à comprendre comment cela avait une influence sur sa vie d'adulte et elle prit conscience des graves problèmes que cela lui avait créés. Bien que cette dynamique dysfonctionnelle tirait son origine de sa famille biologique, elle parvint à accepter qu'il était maintenant de sa responsabilité de changer ses fausses croyances à son sujet.

Aujourd'hui, Janna ne se laisse plus traiter de façon irrespectueuse par quiconque, pas même par Steve. Peu à peu, leur relation est devenue plus saine. Alors que Janna devenait plus forte émotionnellement, Steve prit la décision d'essayer la thérapie lui aussi, réalisant qu'il pouvait réellement perdre Janna s'il ne changeait pas. Par conséquent, il ne boit plus tous les soirs et il cessa d'employer des propos agressifs et dégradants au sujet de Janna.

L'importance de la gestion personnelle de vos besoins

En plus d'en apprendre sur l'importance des limites personnelles et sur la façon de les établir, il existe également d'autres façons indispensables pour vous garder en santé lorsque vous vous préoccupez d'une personne dépendante. *Il est extrêmement important que vous preniez soin de vos besoins de façon holistique* et de vous assurer de trouver un équilibre avec des choses telles que les relations de confiance, la forme physique, la saine alimentation, le travail ou le bénévolat ainsi que le temps pour les activités que vous appréciez. Parfois, même les gens qui n'ont pas à vivre avec la dépendance trouvent difficile de maintenir cet équilibre. Bien qu'il soit possible que vous trouviez difficile de prendre soin de vous de cette façon lorsque vous luttez avec les problèmes que votre être cher dépendant peut créer dans votre vie, vous vous rendrez compte, au fil du temps, que les récompenses obtenues en agissant ainsi l'emportent grandement sur les défis.

Lorsque vous êtes impliqué dans une relation avec un accro pratiquant, il peut être très facile de négliger votre bien-être personnel. Vous vous rendrez peut-être compte que vous vous êtes trop engagé dans la dépendance de votre être cher. Il existe plusieurs façons de le mesurer. Par exemple, si vous vous surprenez à vous demander constamment si votre être cher consomme ou bien à quelle fréquence il ou elle consomme ou bien si vous essayez de trouver des stratégies pour que la dépendance cesse ou encore si vous en parlez sans cesse aux gens autour de vous, vous avez sans doute franchi la ligne de la dysfonction émotionnelle.

Il est aussi possible que vous couvriez pour l'accro, inventant des excuses pour son comportement à votre famille et à vos amis, ou mentant à son patron au sujet de la raison pour laquelle il ou elle n'est pas au travail aujourd'hui. Afin d'éviter les conflits, certaines personnes vont même jusqu'à faciliter le comportement de dépendance en donnant de l'argent aux dépendants afin qu'ils achètent la drogue ou l'alcool qu'ils désirent, en conduisant les acheteurs excessifs compulsifs au centre commercial ou les joueurs compulsifs au casino ou encore en rapportant à la maison certains aliments en sachant très bien que ces derniers peuvent être des déclencheurs potentiels du trouble alimentaire de leur être cher.

Une utilisation beaucoup plus saine de votre temps et

de votre argent pourrait être de prendre soin de vous le mieux possible. Ce que l'accro fait ou ne fait pas n'est pas de votre ressort, mais vous pouvez attraper les rênes de votre propre vie en commençant à prendre mieux soin de vous de façon holistique. Cependant, si vous êtes comme nombre de personnes en relation avec des accros, il est possible que vous soyez tellement doué à prendre soin des autres que vous ne savez peut-être même pas de quelle façon commencer à prendre soin de vous.

Vous pouvez commencer par vous poser ces importantes questions :

- Est-ce que j'aime ma vie telle qu'elle est aujourd'hui ?

- Est-ce que mes relations avec les autres me permettent de m'épanouir ?

- Est-ce que le travail que je fais est satisfaisant et enrichissant ?

- Ai-je des passe-temps et des activités que j'aime faire fréquemment ?

- Est-ce que je prends soin de moi physiquement en dormant bien, en mangeant bien et en faisant de l'exercice ?

- Est-ce que je prends soin de mes besoins émotionnels et spirituels ?

Si vous avez répondu non à l'une ou l'autre des questions ci-dessus, il est temps d'accroître votre gestion personnelle. Il est de votre responsabilité de vous assurer que vous vivez la vie que vous souhaitez vivre. On dit que *la vie n'est pas une répétition générale*. C'est votre seule occasion d'être la personne que vous êtes en ce moment et c'est à vous de donner autant de sens que possible à votre vie.

Stimuler la gestion personnelle de vos besoins

Prenez un peu de temps afin de réfléchir aux questions ci-dessus et d'y répondre le plus honnêtement possible. Si vos relations ne vous permettent pas de vos épanouir, il est possible que vous deviez en terminer quelques-unes et que vous deviez reprendre contact avec des gens que vous n'avez pas vus depuis longtemps ou encore il est possible que de rencontrer de nouvelles personnes soit bon pour vous. Si vous ne savez pas par où commencer, essayez de jeter un œil sur les cours offerts par la commission scolaire locale ou le centre communautaire et inscrivez-vous à quelque chose qui vous intéresse.

Il se peut que vous ne soyez plus heureux avec votre travail, sentant qu'il ne vous satisfait plus. Si c'est le cas, vous aimeriez peut-être explorer vos autres intérêts afin de voir s'il y a des emplois possibles pour vous dans ces domaines. Si vous sentez que vous n'êtes pas en mesure de quitter votre emploi à ce moment-ci, ou si vous ne travaillez pas actuellement, vous pourriez peut-être prendre un peu de votre temps pour faire du bénévolat pour ce qui vous tient à cœur afin de nourrir votre âme et d'apporter plus de bonheur dans votre vie. Prendre des décisions pour changer ou améliorer votre condition contribuera également à augmenter votre estime personnelle.

Afin de vous sentir aussi sain et revigoré que possible alors que vous entamez quelques-uns de ces importants changements dans votre vie, assurez-vous également de prendre bien soin de vos besoins physiques. Soyez honnête avec vous-même en ce qui concerne le type et la quantité de nourriture que vous mangez et voyez si vous souhaitez apporter des changements plus sains. Si vous avez des questions à ce sujet, un diététicien ou un naturopathe pourrait être en mesure de vous aider à trouver les réponses. Il se peut qu'un programme d'entraînement dans un gymnase ou un centre de conditionnement physique vous soit bénéfique. Si vous êtes inactif depuis un bon moment, l'aide d'un entraîneur personnel qualifié pourrait être une bonne façon de commencer. Vous pourriez également commencer à marcher ou à vous déplacer à vélo si vous prenez toujours votre voiture pour vos déplacements; prendre un peu d'air aidera à réduire votre stress. Assurez-vous également que vous profitez d'un sommeil reposant et sans stress. Parlez avec votre médecin si vous avez des troubles de sommeil. Il existe bien souvent des remèdes simples à l'insomnie.

Enfin, le dernier mais certainement pas le moindre est l'aspect spirituel des soins personnels. Pour certaines personnes, cela peut signifier appartenir à une église en particulier ou à une communauté spirituelle. Pour d'autres, cela peut signifier de se réserver du temps pour méditer, pour se balader en pleine nature, pour peindre ou bien chanter dans une chorale. C'est un choix bien personnel et cela signifie que vous devez regarder au plus profond de vous afin de découvrir ce qui vous aide à vous sentir joyeux, nourri et exalté.

Si vous sentez que vous avez besoin d'aide afin de régler les détails pratiques essentiels à votre gestion personnelle, un thérapeute qualifié ou un mentor personnel sera en mesure de vous aider. N'ayez pas peur de demander de l'aide lorsque vous en avez besoin. Ce sera en fait un modèle positif pour votre être cher dépendant lorsqu'il ou elle sera également prêt à apporter des changements dans sa vie.

Lorsque vous vous décidez à utiliser des façons plus saines et plus holistiques d'être en relation avec vous-même, vous commencerez à apercevoir les répercussions dans toutes vos relations, y compris celle avec l'accro dans votre vie. Vous réaliserez que d'apprendre à développer votre amour-propre en vous traitant de manière plus respectueuse entraînera inévitablement les autres à vous traiter avec plus de respect.

Ne serait-ce pas merveilleux?

5

TRUC DE SURVIE NO 3 : VOUS NE POUVEZ PAS CONTRÔLER OU « RÉPARER » UNE AUTRE PERSONNE, ALORS CESSEZ D'ESSAYER !

———————

« N'essayez jamais d'apprendre à chanter à un cochon.
Vous allez perdre votre temps et ennuyer le cochon. »
-Mark Twain

Est-ce difficile pour vous de croire que vous ne pouvez

———

pas contrôler, même dans une certaine mesure, une autre personne ?

Comme la plupart des gens, vous avez probablement déjà tenté de changer les comportements des gens de votre entourage. Vous avez peut-être même déjà pensé qu'il devait exister une aptitude secrète afin d'y arriver, et, si seulement vous pouviez la trouver, alors vous seriez en mesure de faire en sorte que les gens se comportent de la façon que vous désirez.

Vos années de croissance

Le truc de survie no 3 vous apprend que vous ne pouvez pas contrôler une autre personne. Autrement dit, c'est absolument impossible pour vous de contrôler une personne autre que vous-même. Beaucoup d'entre vous voudront argumenter ce point avec moi, mais, en fin de compte, vous vous rendrez compte que c'est une perte de temps. Peu importe le mal que vous vous donnez afin de lutter contre la vérité, celle-ci reste la même, soit que vous ne pouvez tout simplement pas contrôler ou changer qui que ce soit d'autre. C'est seulement avec l'accord et la permission d'une autre personne que vous serez en mesure de vivre un semblant de contrôle sur une personne autre que vous-même.

La raison pour laquelle cela peut vous sembler difficile à accepter s'explique par le fait que vos parents, vos professeurs et vos mentors, bien qu'ils aient sans doute eu de bonnes intentions, vous ont appris que vous pouviez en fait changer ou contrôler une autre personne. En réalité, notre société semble avoir été bâtie autour de cette prémisse. Étant enfants, nos aînés nous ont appris que nous pouvions contrôler et changer les sentiments d'autres personnes et, en grandissant, nous avons pris conscience que nos comportements peuvent influencer l'humeur de nos parents à notre sujet. Nos chansons, nos émissions de télévision et même les magazines que nous lisons nous informent continuellement que nous pouvons en effet faire qu'une personne nous aime si seulement nous pouvions être plus joli, sentir meilleur, être d'une certaine façon meilleur.

Vous avez probablement appris dès votre plus jeune âge comment manipuler une situation afin d'arriver à vos fins, ce qui vous a peut-être mené à penser que vous contrôliez ou étiez en train de changer une personne. Vos crises larmoyantes ou vos explosions de colère ont possiblement fait peur aux gens de votre entourage et vous ont donné l'impression d'avoir le contrôle sur eux.

Par exemple, étant enfant vous avez sans doute essayé de convaincre votre mère de vous laisser veiller un peu plus tard, mais celle-ci ne voulant rien entendre, vous avez probablement appris que si vous pleuriez ou lui disiez que vous la haïssiez, elle allait céder et changer d'avis. Ou bien, vous désiriez emprunter le chandail préféré de votre meilleure amie et, même si cette dernière était réticente à l'idée, vous avez peut-être réussi à la convaincre en insistant ou encore en lui proposant quelque chose en échange. Vous êtes peut-être devenu doué pour jouer la carte de la culpabilité de temps à autre, croyant que les gens voudraient alors faire ce que vous voulez. Certains d'entre vous ont peut-être même réussi à convaincre un de vos professeurs de changer votre B pour un A en utilisant une certaine forme de comportements manipulateurs.

Bien que ce type d'expériences puisse vous avoir aidé à obtenir ce que vous vouliez étant enfant, il peut également vous avoir causé un peu de confusion en vieillissant et vous vous êtes retrouvé dans un monde qui n'existe pas réellement. Dans le vrai monde, vous ne pouvez pas contrôler une personne autre que vous-même et vous ne pouvez surtout pas changer une personne dépendante qui choisit de ne pas changer.

Afin d'illustrer cela, posez-vous la question suivante : quelles ont été les répercussions émotionnelles ressenties la première fois que vous vous êtes aperçu que vous ne pouviez pas changer le comportement d'une personne ? Si vous aviez un père alcoolique, par exemple, et que vous souhaitiez que papa cesse de rentrer à la maison saoul et agressif, mais qu'il continuait à agir de la sorte, comment avez-vous réagi en réalisant que vous n'étiez pas en mesure de contrôler son choix de continuer à se comporter de cette façon, et ce, peu importe le mal que vous vous êtes donné ? Quand vous avez compris que vous ne pouviez pas changer une autre personne, après qu'on vous ait erronément enseigné que vous le pouviez, la confusion et le désespoir que vous avez ressentis peuvent vous avoir mené à croire que vous ne fassiez juste pas les choses correctement ou bien que vous n'essayiez pas assez fort. Le fait est que nous vivons dans un monde de libre arbitre. Nous prenons tous des décisions à chaque moment de notre vie. La plupart des gens décident la ligne de conduite de leurs comportements sur la base de la notion de cause à effet, avec la compréhension intrinsèque que tout ce qu'ils choisissent aura des conséquences positives ou négatives. Toutefois, certaines personnes n'ont pas la même conception du fonctionnement du libre arbitre, elles préfèrent plutôt ignorer les résultats potentiels afin de pouvoir obtenir ce qu'elles veulent quand elles le veulent. Les personnes dépendantes entrent généralement dans cette catégorie.

Désapprendre de vieilles habitudes

Afin de bénéficier du truc de survie no 3, vous devrez désapprendre certains modèles de comportements dysfonctionnels et certaines convictions profondes que vous avez développés dans votre enfance. Il vous sera essentiel de bien vouloir explorer la possibilité que vous ayez également développé vos propres comportements de dépendance en essayant de contrôler les autres. Pour arrêter de vivre dans la fantaisie et pour choisir de plutôt prendre part dans le vrai monde, il vous sera nécessaire de ne contrôler que vous-même.

Examinons votre vie d'aujourd'hui, en tant qu'adulte. Lorsque vous essayez de convaincre votre conjoint, votre enfant, votre ami, votre patron ou n'importe qui d'autre de faire les choses à votre façon, votre réussite ou votre échec dépend entièrement du *choix* de cette dernière de le faire à votre façon ou non. Le choix repose toujours sur cette autre personne. Et c'est également vrai pour vous – personne ne peut vous faire faire ce dont vous n'avez pas envie, et ce, puisque vous allez choisir la façon dont vous souhaitez faire les choses dans votre vie. Dans votre vie d'adulte, même si quelqu'un tente abusivement de vous contraindre à agir d'une certaine manière, vous avez toujours la possibilité de choisir votre propre comportement. En fin de compte, tout se résume à un choix personnel – le vôtre tout comme celui des autres.

Voilà ce qu'est la vie sur une planète de libre arbitre : tout ce qui concerne une personne autre que vous-même ne fait pas partie de votre sphère de contrôle. Et, même s'il est possible que vous trouviez plus facile à court terme de choisir de ne pas le croire, cela ne rend pas les choses moins vraies, et cette décision n'aidera pas votre vie à long terme.

La Prière de la Sérénité peut aider

Si une personne que vous avez à cœur est aux prises avec un problème de dépendance, il est possible que vous ayez investi beaucoup de temps et d'énergie à essayer de changer une personne ou une situation que vous ne pouvez simplement pas changer. Une fois que vous aurez pleinement compris la différence entre ce que vous pouvez et ce que vous ne pouvez pas changer, la vie avec votre proche dépendant deviendra beaucoup plus facile. La Prière de la Sérénité est un outil qui peut vous aider à comprendre qu'il y a des choses dans votre vie que vous pouvez contrôler et changer et d'autres que vous ne pouvez simplement pas contrôler ou changer.

De nos jours, beaucoup de personnes ont entendu parler de la Prière de la Sérénité. Bien que personne ne semble savoir qui a réellement écrit ce court mais puissant texte, quiconque a assisté à une rencontre d'un groupe utilisant le programme des 12 étapes, tel que les Alcooliques anonymes, les Narcotiques anonymes ou Al-Anon, afin de trouver un soulagement aux comportements de dépendance, reconnaîtra cette prière comme étant la récitation de groupe à la fin de chaque rencontre. La Prière de la Sérénité vous fournira un instrument de mesure très utile afin de savoir si vous êtes en train d'essayer de contrôler des gens ou des situations que vous ne pouvez en réalité pas contrôler.

Examinons les quatre lignes de cette prière.

Mon Dieu, donnez-moi la sérénité
d'accepter les choses que je ne peux changer,
le courage de changer les choses que je peux
et la sagesse d'en connaître la différence.

Mon Dieu, donnez-moi la sérénité...

Bien que le mot « Dieu » soit utilisé dans la première ligne, des options telles que Puissance Supérieure, Déesse, Créateur ou Force Universelle peuvent également être utilisées. Les croyances spirituelles constituent un choix personnel et il est important que vous vous fassiez vos propres idées à ce sujet tout au long de votre parcours. Par exemple, au lieu de demander à un Dieu tout puissant de nous « donner » la sérénité, certaines personnes croient que de dire : « Je veux avoir la sérénité... » ou « Mon intention est de développer la sérénité... » convient mieux à leur spiritualité.

Avoir la sérénité signifie d'avoir la tranquillité, le calme ou la paix d'esprit. Si vous ne ressentez pas la sérénité dans votre vie, alors votre niveau de stress sera élevé. Un manque de sérénité vous mènera à vous inquiéter, à vous sentir anxieux et frustré et votre santé physique et mentale en souffrira.

...d'accepter les choses que je ne peux changer

Tel que discuté, même si vous pouvez avoir cru que vous pouviez changer une autre personne si seulement vous essayiez plus fort, la vérité est que vous ne pouvez pas forcer une personne à faire quelque chose contre son gré. En tant qu'être humain, nous avons au final le libre arbitre et une personne changera seulement *si elle prend la décision de changer.*

Vous avez également toujours le choix et un de vos choix de vie les plus importants pourrait être d'accepter les choses – y compris les gens de votre entourage – que vous ne pouvez pas changer.

...le courage de changer les choses que je peux

Vient maintenant la partie difficile. Vous devrez sortir de votre propre déni afin de reconnaître pleinement et d'accepter que la seule chose que vous pouvez changer est vous-même – et alors *de prendre la courageuse décision de changer.*

Si vous êtes dans une relation avec un accro et que vous avez choisi de garder cette personne dans votre vie, il est possible que vous ressentiez que vous vous investissez trop émotionnellement et physiquement sans vraiment rien recevoir en retour. Il se pourrait que vous soyez en colère contre l'accro parce qu'il ou elle ne vous donne pas ce dont vous avez besoin, tel qu'un comportement respectueux, et cela peut vous emplir d'une variété de pensées pleines de ressentiment. En essayant simplement de combler vos propres besoins, il se pourrait que vous deveniez émotionnellement manipulateur avec votre être cher dépendant.

Au lieu de tenter de « faire » changer l'accro, un choix plus sain serait de décider ce que vous êtes et n'êtes plus disposé à tolérer et aussi d'établir des limites claires. Si ces limites sont franchies ou si vous sentez que vous êtes régulièrement traité de manière irrespectueuse – ce qui est probable lorsque vous interagissez avec une personne vivant avec une dépendance active – vous avez alors l'option de faire des choix plus courageux pour vous-même, comme de limiter ou de cesser vos contacts avec l'accro de façon temporaire ou permanente.

Prendre ce type de responsabilités pour vous-même ne sera probablement pas facile au début – et c'est pour cette raison qu'une partie de la Prière de la Sérénité parle de « courage ». Il ne faut pas de courage pour accomplir les choses faciles de la vie. Il faut du courage pour être disposé à vous changer si vous n'êtes pas heureux de quelque chose dans votre vie – un but beaucoup plus difficile.

Il se peut en effet qu'il ait été plus facile pour vous jusqu'à présent de carrément rejeter la faute sur votre être cher dépendant. Mais un choix différent et plus courageux serait de décider de regarder en vous afin de découvrir quel pourrait être votre rôle et de travailler afin de changer les comportements dysfonctionnels, quels qu'ils soient, que vous apportez peut-être dans la relation. C'est seulement lorsque nous lâchons prise sur notre besoin de changer les autres pour plutôt décider de nous changer nous-mêmes que nous pouvons réellement commencer notre guérison.

...et la sagesse d'en connaître la différence

Cette dernière ligne est la partie la plus importante de la Prière de la Sérénité. Lorsque vous avez la sagesse de connaître la différence entre ce que vous pouvez et ne pouvez pas changer, vous économiserez beaucoup de temps et d'énergie puisque vous commencerez à vous concentrer sur ce qui est réellement possible plutôt que sur des fantaisies. Vous arrêterez d'essayer de contrôler ce que vous ne pouvez absolument pas changer.

De plus, lorsque vous commencez à établir de plus saines limites avec votre être cher dépendant, vous ressentirez plus de respect pour vous-même. Alors que vous vous trouvez à assumer une plus grande part de responsabilité personnelle pour vous et pour vos choix, vous changerez également les façons dont vous laissez les autres vous traiter.

Avoir la sagesse de connaître la différence entre ce que vous pouvez et ne pouvez pas changer et savoir comment changer les choses que vous pouvez contrôler créera la sérénité que vous avez souhaité trouver dans votre vie.

6

TRUC DE SURVIE NO 4 : ARRÊTEZ DE BLÂMER LES AUTRES ET SOYEZ PRÊT À VOUS REMETTRE EN QUESTION

« Vous devez être le changement que vous désirez voir en ce monde. »
-*Mahatma Gandhi*

Il peut être très tentant de porter le blâme sur les autres pour nos problèmes ! Malheureusement, c'est aussi un exercice futile puisque rien ne change vraiment lorsque nous accusons une autre personne.

Le blâme est une situation sans issue

Accuser une autre personne pour votre propre sort vous garde essentiellement dans un rôle de « victime », croyant que vous pouvez seulement être heureux et en paix lorsque cette autre personne change son comportement blessant. En vérité, le bonheur est en fait un choix que nous faisons à chaque moment. Nous pouvons permettre aux actions des autres de nuire à notre sérénité ou bien nous pouvons décider de changer ce que nous pouvons dans cette situation.

De plus, lorsque les autres sentent qu'ils sont accusés, ils deviennent souvent défensifs et moins disposés à faire les changements que vous souhaitez. Par conséquent, les circonstances restent ce qu'elles étaient et les sentiments négatifs, tels que la colère et le ressentiment, augmentent. Lorsque la tentation d'accuser les autres survient, il est peut-être temps de vous poser la populaire question : « Qu'est-ce que ce comportement vous a donné dans le passé ? » La plupart du temps, accuser une autre personne est une formule perdante sur toute la ligne.

Il est vrai que les actions des autres contribuent à ce qui se passe dans nos vies et également à nos émotions vis-à-vis ces circonstances. Nous sommes tous des êtres interdépendants dépendants quotidiennement les uns des autres pour beaucoup de choses, visibles ou invisibles. Par exemple, dans notre société, la plupart d'entre nous dépendent des autres pour la fabrication de nos vêtements et pour la culture de nos produits alimentaires. Dans nos relations personnelles et nos relations de travail, nous devons traiter les autres avec bienveillance et respect, et nous comptons sur eux pour se comporter avec nous de la même manière. Se soutenir les uns les autres de façons saines est l'une de nos meilleures qualités humaines et nous nous sentons tous enrichis et valorisés lorsque nous expérimentons ce type de soutien de la part d'une autre personne. C'est un sentiment merveilleux.

Apprenez à subvenir à vos besoins

Cependant, si ce soutien protecteur n'est pas disponible, nous pouvons nous sentir isolés et seuls. Lorsque nous ne sommes pas en mesure de régulièrement voir nos besoins émotionnels comblés par les gens dans notre vie, nous sommes enclins à nous sentir blessés et amers. Si cela devient la norme dans votre vie et que vous ressentez continuellement la douleur de ne pas vous sentir soutenu, vous pouvez vous aider en examinant de façon réaliste votre contribution possible à cette situation et ce que vous pourriez changer afin que vos besoins soient comblés de façons saines. Bien que ce puisse être un défi, alors que vous apprendrez à faire de l'introspection sans ressentir de résistance, vous commencerez à comprendre que c'est une formidable occasion d'en apprendre plus sur vous-même.

Faire cette réflexion intérieure deviendra encore plus important pour vous si la personne sur laquelle vous dépendez pour vous soutenir est un accro pratiquant qui, par définition, est égocentrique. Le comportement de dépendance devient la relation significative pour cette personne et vous vous retrouverez malheureusement avec un rôle secondaire.

Comprendre et accepter cette réalité est souvent difficile pour quiconque ayant un proche dépendant. C'est particulièrement difficile lorsque la dépendance est à une substance psychotrope, puisque la logique et la raison ne fonctionnement simplement pas lorsqu'une personne est ivre ou défoncée. Même si la dépendance est un comportement modifiant l'humeur, tel qu'un trouble alimentaire, un problème de jeu, ou un problème d'achats excessifs compulsifs, tenter de défier l'accro au sujet de ses comportements problématiques peut donner l'impression de marcher péniblement dans la boue.

Les accros ont tendance à blâmer les autres pour leur propre sort. Ils peuvent accuser leurs époux, leurs patrons, leurs enfants, la météo, le populaire « lacet cassé » – n'importe quoi qui leur permet de rejeter leurs propres responsabilités. La plupart des gens comprennent instinctivement que de montrer les autres du doigt les empêche d'avoir à prendre la responsabilité pour leurs propres comportements, mais la plupart des accros deviennent assez doués pour le jeu de la chasse aux coupables.

Êtes-vous dans une relation « enchevêtrée » ?

Si vous êtes une personne qui se sent généralement excessivement coupable ou qui a tendance à prendre plus que sa juste part de responsabilités, tout comme bien des gens en relation avec des accros le font, alors vous et votre être cher dépendant allez plutôt bien ensemble, quoique pas de façons saines. C'est connu sous le nom d'*enchevêtrement*, et il se pourrait que vous trouviez assez difficile de vous extirper de ce type de relation.

En tant qu'être cher d'un accro, il se pourrait que vous contribuiez involontairement au drame dans votre relation. Par exemple, il est possible que vous fassiez régulièrement des choses telles que prêter de l'argent à l'accro dans votre vie tout en portant des jugements lorsque l'argent est utilisé pour alimenter la dépendance. Cependant, si vous n'approuvez pas la manière dont votre argent est dépensé, peut-être devriez-vous cesser de donner de l'argent à votre être cher. Afin de guérir la douloureuse dynamique de l'enchevêtrement, vous devrez interrompre vos vieilles habitudes et développer de nouvelles et plus saines façons d'interagir avec l'accro dans votre vie.

Il est important de se rappeler que le déni est une forte composante de la dépendance. Lorsque vous tentez de gérer un problème complexe, la réaction naturelle de l'accro sera le déni, la défensive et, bien sûr, le blâme. Cela vous laissera souvent avec le sentiment de ne pas être entendu et d'être seul dans votre misère, et vous serez sans aucun doute assez tenté de commencer à projeter votre douleur et votre peur sur votre être cher. C'est de cette façon que le blâme se manifeste.

Étant blessé et apeuré, il est facile de se dire que si ce n'était pas pour l'accro, votre vie serait géniale. Si vous pouviez seulement faire que cette personne cesse de pratiquer son comportement de dépendance, tout irait pour le mieux. Toutefois, il est important que vous réalisiez que, d'une certaine manière, vous avez également un rôle à jouer dans cette situation. Dans chaque relation, il faut être deux pour avoir un différend et deux pour le régler. Même si explorer vos propres dynamiques peut être un chemin difficile à emprunter, ce choix même vous mènera vers des résultats beaucoup plus satisfaisants puisque, comme vous l'avez lu au chapitre 5, vos propres comportements sont les seuls que vous avez réellement le pouvoir de changer.

Votre bonne volonté à toujours vouloir prêter une oreille attentive à l'accro peut être une autre façon dont vous contribuez aux dynamiques dysfonctionnelles de la relation. Il est possible que vous prêtiez votre épaule à l'accro où il ou elle peut tempêter contre les injustices de la vie, et ce, même si vous reconnaissez ne jamais avoir droit au même type de soutien. Il y a de fortes chances que votre accro continue de vous exprimer sa colère tant et aussi longtemps que vous choisirez de l'écouter. Si vous vous sentez un peu comme un objet dans votre relation, il est temps que vous regardiez ce que vous faites pour permettre à cela de se produire. Continuer vos types de comportements négatifs tout en accusant l'accro n'entraînera aucun résultat sain. Au contraire, ce genre de situations maintiendra le statu quo et aucun d'entre vous n'aura la possibilité de grandir et de changer.

Hank et Laura cessent de s'accuser et commencent leur guérison

Hank et Laura étaient amoureux depuis l'école secondaire et ils se marièrent à vingt-trois ans, soit un an après qu'ils aient tous les deux terminé l'université. Dix ans et deux filles plus tard, ils travaillent tous les deux très fort afin de subvenir aux besoins de leur petite famille.

Tout semblait aller pour le mieux dans leur mariage jusqu'à ce que Laura découvre un salon de discussion sur un de ses sites Internet préférés. Lectrice assidue depuis son enfance, Laura n'avait simplement pas le temps de faire partie d'un club de lecture qui se rencontre une ou deux fois par mois. Lorsqu'elle découvrit ce club de lecture en ligne où elle pouvait, à son gré, partager ses

---

idées avec d'autres lecteurs lisant le même livre en même temps qu'elle, elle était ravie.

Au début, elle allait seulement dans ce salon de discussion une fois par semaine pour un court laps de temps. Cependant, au fil du temps, elle s'est progressivement retrouvée à s'investir de plus en plus avec les gens qu'elle y a rencontrés. Alors qu'elle apprit à en connaître quelques-uns davantage, ils commencèrent à discuter d'eux-mêmes et de leur vie, en plus de discuter des livres qu'ils lisaient. Elle développa une amitié avec un homme nommé Rodney qui vivait en Angleterre et qui était également marié. Puisqu'il était aussi loin de chez elle au Canada, elle sentit qu'elle pouvait s'ouvrir à lui, partageant parfois des pensées et des sentiments qu'elle n'avait pas partagés avec son mari. Même si Laura se sentait un peu coupable, elle rationalisait en se disant que son amitié avec Rodney la rendait plus heureuse et que cela ne ferait qu'améliorer sa relation avec Hank.

Cependant, les «mensonges rationnels» de Laura n'améliorèrent pas leur relation. Au fil du temps, Hank sentit que Laura s'éloignait, passant de plus en plus de son temps libre sur Internet. Au début, il n'était pas au courant de l'amitié de Laura avec Rodney, mais il savait que quelque chose clochait dans leur mariage. Il essaya en vain de lui parler de ses impressions, mais Laura minimisait ses inquiétudes afin de pouvoir continuer ses manigances secrètes avec un homme à l'autre bout du monde.

À maintes reprises, Hank mentionna à Laura qu'il

souhaitait qu'elle passe plus de temps avec lui et leurs enfants. Toujours perplexe, il tenta tout ce qu'il pouvait afin de lui faire comprendre son point de vue. Un soir, il découvrit accidentellement Rodney en utilisant l'ordinateur de Laura alors que le sien était en réparation. Les morceaux de ce casse-tête se mirent en place et il commença à comprendre l'obsession de sa femme pour Internet. Il tenta à plusieurs reprises de communiquer avec elle et de faire arrêter ce qu'il croyait être une liaison émotionnelle. Dans son désespoir, il implora et cajola et il devint par la suite maussade et en colère. Inévitablement, il la confronta en lui posant un ultimatum : elle cesse complètement sa relation en ligne avec l'homme qu'il voit maintenant comme son rival ou bien il la quitte. Hank était convaincu que cela attirerait l'attention de Laura et que cette dernière retrouverait la raison.

Toutefois, Hank découvrit plutôt qu'il était tout à fait impuissant en ce qui a trait aux choix de sa femme. Elle finit par laisser Hank et ses enfants, et ce, à l'étonnement de tous ceux qui les connaissaient. Laura loua son propre appartement et y resta pendant plusieurs mois. Éventuellement, Hank cessa d'essayer de la convaincre de revenir à la maison et commença plutôt à se concentrer sur sa vie avec ses enfants qui souffraient des effets négatifs de la relation enchevêtrée de leurs parents.

Hank en arriva à comprendre que si Laura rentrait à la maison ou non était en fin de compte sa décision à elle. Bien qu'il ne soit pas heureux de cette situation, il savait que personne, pas même lui, ne pourrait prendre cette décision pour elle. Un soir, vraisemblablement à l'improviste, Laura commença à se rendre compte de la pagaille qu'elle avait semée dans sa vie et également dans celle de son mari et de ses filles. Elle était consciente que Hank poursuivait sa vie et la pensée de ne pas être à ses côtés l'effrayait. Elle prit la décision de mettre un terme à sa relation avec Rodney et de porter toute son attention sur sa famille qu'elle avait négligée.

Hank et Laura reconnurent tous les deux qu'il y avait plusieurs morceaux à recoller dans leur mariage puisqu'il y avait maintenant un certain nombre de graves problèmes de confiance à aborder. Avec l'aide d'un conseiller matrimonial qualifié, ils apprirent qu'ils sont tous les deux impuissants face à l'autre et ils commencèrent même à comprendre que cette aberration dans leur mariage n'était pas seulement du ressort de Laura. Ils purent tous deux admettre qu'il y avait des problèmes dans leur relation qui n'avaient pas été gérés honnêtement et que ce déni de leur part avait ouvert la voie à l'ultime abus de confiance qui a fini par se produire.

Aujourd'hui, Hank et Laura ont un respect nouveau pour la fragilité des relations. Ils comprennent qu'ils n'ont ni l'un ni l'autre le pouvoir de contrôler l'autre. Ils choisissent maintenant de se laisser du temps pour la prise de décision individuelle et ils font également une mise au point constante en ce qui a trait à l'état de leur mariage en partageant chacun leur perspective personnelle. Ils se respectent beaucoup plus eux-mêmes ainsi que leur partenaire et ils n'essaient plus de contrôler ou de changer l'autre. Par le fait même, leurs enfants apprennent à traiter leurs décisions respectives avec respect.

Des limites plus saines augmentent votre respect de soi

La vérité pure et dure est la suivante : si vous êtes prêt à tolérer les comportements égocentriques d'un accro sans établir de limites respectueuses pour vous, alors vous n'avez personne d'autre que vous-même à blâmer.

Afin que votre relation avec votre être aimé dépendant se transforme en quelque chose de plus positif, vous devez tout d'abord être prêt à voir de quelles façons vos propres habitudes dysfonctionnelles peuvent contribuer à cette situation même que vous trouvez insoutenable. Vous commencerez alors à comprendre que *tout dans votre vie commence par vous* et se propage au-delà de la relation que vous avez avec vous-même.

Il est vrai que nous apprenons aux autres comment nous traiter : si vous ne vous respectez pas, les autres le remarqueront et vous traiteront également de façon irrespectueuse. Il est de votre responsabilité de vous respecter, de reconnaître les comportements qui contribuent à la relation dysfonctionnelle avec l'accro dans votre vie et de faire les ajustements nécessaires. En solidifiant votre relation avec vous-même, vous serez peut-être surpris lorsque d'autres de vos relations malsaines et enchevêtrées s'améliorent.

Maya Angelou offre un conseil merveilleusement éclairé à propos de notre responsabilité individuelle :

Si vous n'aimez pas quelque chose, changez-le.

Si vous ne pouvez pas le changer, changez votre attitude.

Ne vous plaignez pas.

Le choix le plus courageux que vous pouvez faire est d'arrêter de blâmer les autres et de plutôt changer ce que vous pouvez chez vous et dans votre vie. Ce n'est pas toujours une tâche facile. Je vous prie de vous rappeler qu'il faut du courage pour faire un travail intérieur important. Plusieurs personnes sentent qu'ils ont parfois besoin d'un peu d'aide de la part d'un professionnel qualifié qui peut les guider à travers ce parcours de la plus grande importance. Si c'est votre cas, n'hésitez pas à trouver quelqu'un qui avancera avec vous alors que vous entamez votre route vers le respect de soi et qui pourra vous aider à regarder à l'intérieur de vous, à faire des choix différents et à transformer vos comportements enchevêtrés.

7

TRUC DE SURVIE NO 5 : APPRENEZ LA DIFFÉRENCE ENTRE « AIDER » ET « FACILITER »

« Nous ne devons pas nous sentir gênés par nos déboires,
seulement par notre manque à y faire pousser quoi que ce soit
de beau. »
-Alain de Botton

Vous sentez-vous obligé d'aider votre être cher dépendant ? Avez-vous peur de ce qui arriverait si vous ne le faisiez pas ?

Peu de choses dans la vie sont plus déchirantes que de regarder les personnes que vous aimez se détruire en étant aux prises avec une dépendance. Il peut sembler tellement oiseux pour les accros de se traiter de cette façon et, à titre d'être aimé regardant cela se produire, vous vous sentirez impuissant – ce que vous êtes essentiellement.

Les raisons pour lesquelles vous continuez d'essayer d'aider

Les personnes qui aiment des accros veulent désespérément les aider à vaincre leurs comportements destructeurs. Ils ont expérimenté la dévastation que peut causer la dépendance et, conséquemment, ils ont été témoins de la lutte et de la souffrance de leurs proches. La famille et les amis des accros se sentent souvent anxieux la majeure partie du temps et ils veulent à tout prix améliorer la situation dans laquelle ils se trouvent : ils souhaitent que leurs êtres aimés dépendants retrouvent leur santé physique, émotionnelle et financière. Si vous vous trouvez dans cette situation, il est probable que vous soyez prêt à faire pratiquement n'importe quoi pour améliorer les choses. Malheureusement, même s'il est possible que vous partiez d'une bonne intention, il se peut que vous ne portiez pas toujours assistance de manières appropriées.

À titre d'être aimé d'un accro, ce que vous désirez par-dessus tout est que le cauchemar de la dépendance cesse. Il est possible que vous n'en pouviez plus de l'anxiété quotidienne, que vous soyez inquiet à savoir quand votre prochaine dispute explosera ou bien quand on vous demandera de faire quelque chose que vous ne souhaitez pas du tout faire. Il se peut que vous craigniez parfois pour la vie même de l'accro et que cette appréhension soit présente sur une base quotidienne, et ce, même lorsque vous n'avez pas eu de contact avec l'accro depuis un bon moment.

Peu importe ce que sont les détails de la dépendance, vous désirez que les imprévisibilités de la vie cessent. Puisque vous vous sentez impuissant, vous surcompensez pour ces sentiments d'impuissance en faisant des choses que vous ne devriez probablement pas faire pour l'accro. Ce que vous souhaitez par-dessus tout est que l'accro arrête ses comportements de dépendance et qu'il ou elle redevienne normal.

Il est primordial de comprendre la différence entre *aider* et *faciliter* lorsque vous explorez les options concernant la façon de participer au rétablissement de l'accro. Comme nous l'avons vu au chapitre 1, vos comportements facilitateurs tels que faire tout ce qu'on vous demande lorsqu'on vous le demande entraîneront presque naturellement l'accro à continuer à se livrer à sa dépendance. En revanche, un comportement aidant tel que dire non lorsque vous voulez dire non aidera l'accro à développer la responsabilité de soi nécessaire afin d'arrêter un jour sa dépendance.

La codépendance et la facilitation

Si votre tendance est à la facilitation, il est probable qu'à court terme vous trouviez plus simple de céder aux menaces, à la manipulation et aux sautes d'humeur des gens autour de vous. L'idée d'apprendre comment établir et maintenir des limites saines vous semblera effrayante et vous serez anxieux à la pensée que l'accro pourrait riposter avec des comportements bien pires si vous n'arrivez pas à l'apaiser. En fait, beaucoup de familles et d'amis avec lesquels j'ai discuté sont terrifiés à l'idée d'établir des limites plus solides, car ils ont peur que l'accro les laisse ou bien finisse dans la rue. En conséquence, ils choisissent de constamment se tordre comme des bretzels pour s'assurer que cela ne se produise pas.

Malheureusement, cela n'est pas une réaction appropriée dans ce type de situation. Au final, cela n'aide peu ou pas du tout l'accro à arrêter de se livrer à des comportements destructeurs. Pour la plupart des accros, la dynamique nécessaire afin d'arrêter la dépendance est le fait de toucher le « fond ». Cela signifie qu'ils doivent voir qu'ils ont quelque chose d'important à perdre s'ils continuent de s'engager dans la dépendance. Quelques accros ont besoin de perdre beaucoup de choses avant d'être en mesure de se décider à s'abstenir de leurs comportements de dépendance. Lorsqu'ils ne vivent pas de conséquences majeures, beaucoup d'accros continuent simplement leur chemin vers l'autodestruction.

Aucune discussion au sujet de la différence entre aider et faciliter ne serait complète sans également parler de *codépendance dans les relations*. Si vous sentez que vous avez du mal à surmonter vos comportements facilitateurs, il sera important que vous compreniez que vos propres tendances de codépendance puissent se trouver au travers du chemin.

J'aime utiliser une définition simple : la codépendance est ce qui se produit lorsque nous mettons constamment les besoins des autres avant les nôtres. Un autre terme populaire pour ce comportement est comportement servile, et beaucoup de ceux qui sont en relation avec des accros tombent dans cette catégorie. En fait, la majorité des personnes serviles sont codépendantes dans la plupart de leurs relations en général et non seulement avec les accros dans leur vie. Vous pouvez utiliser les exemples suivants afin de mesurer votre propre codépendance :

- Vous êtes fatigué de donner constamment aux personnes dans votre vie sans recevoir grand-chose en retour.

- Vous êtes inquiets au sujet de la douleur et/ou de la maltraitance que vous vivez dans vos relations.

- Vous êtes extrêmement inconfortable dans les confrontations, et même lorsque vous êtes déçu, en colère ou plein de ressentiment, vous ne l'admettez pas aux autres de peur qu'ils deviennent contrariés ou en colère contre vous.

- Au lieu d'essayer de changer les dynamiques dysfonctionnelles dans vos relations, vous tentez de vous convaincre que les problèmes que vous vivez ne sont pas si mal.

- Vous vous apitoyez sur votre sort, vous êtes confus à savoir pourquoi cela vous arrive, mais vous ne savez pas quoi faire pour changer votre situation.

« Mais je suis tellement une bonne personne ! »

Puisque les codépendants mettent constamment les besoins des autres avec les leurs, ils croient souvent qu'ils sont de « bonnes » personnes.

« Je fais tout ce que les autres attendent de moi », vous vous dites « mais pourquoi est-ce que je me sens aussi souvent non respecté par les autres ? » En effet, ce sera un dilemme pour vous. En tant que personne servile, vous ne comprendrez pas que vous soyez maltraité par les gens mêmes que vous essayez si fort d'aider.

Attention, je ne suis pas en train de dire que vous n'êtes pas une bonne personne. Il est probable que vous vous préoccupiez des gens et que vous souhaitiez le meilleur pour eux. Toutefois, la vérité peut être que vous n'êtes pas aussi « bon » que vous aimeriez le croire, car, en fait, vous ne dites pas *oui* à tout le monde seulement afin d'être gentil avec eux. Vous ne souhaitez pas réellement non plus prendre plus que votre part équitable des tâches parce que vous voulez vraiment répétitivement rendre service, et ce, sans aucune sorte d'arrangement réciproque.

Ceci pourrait être plus proche de la vérité pour vous : lorsque vous dites *oui* (particulièrement quand vous souhaitez vraiment dire *non*), vous vous protégez en fait d'avoir à affronter de possibles conséquences douloureuses qui peuvent survenir lorsqu'une personne est déçue, en colère ou frustrée contre vous, car vous ne souhaitez pas faire ce qu'elle veut.

Également, afin de se sentir plus en sécurité, il y a des codépendants qui tentent de contrôler certaines situations qu'ils trouvent réellement terrifiantes. Par exemple, il est possible que vous vous soyez retrouvé à aider votre proche dépendant à acheter de la drogue afin de le ou la garder loin des situations dangereuses.

Michael et Judy : Faciliter versus aider

Michael est un utilisateur d'héroïne de longue date. À l'âge de vingt-six ans, il a déjà été mis à la porte de plusieurs emplois et il a perdu le soutien de la plupart des membres de sa famille à cause de ses comportements manipulateurs et de son refus de traitement. Il est à la rue depuis cinq ans, partageant des seringues avec d'autres accros et commettant des crimes tels que le vol et l'entrée

---

par effraction dans les voitures. Il a souvent été arrêté pour ces actions, mais il est fréquemment remis en liberté le jour même qu'il ait été placé en détention provisoire à cause d'une variété de failles dans le système judiciaire.

Le seul membre de la famille qui entretient toujours un rapport avec Michael à ce stade-ci est sa grande sœur Judy. Michael voit Judy environ deux fois par semaine lorsqu'il la contacte pour lui emprunter de l'argent. Chaque fois qu'elle le rencontre, Judy lui apporte de la nourriture et lui prête 20 $ ou plus. Bien qu'elle soit pleinement consciente que cet argent servira à se procurer de la drogue, elle ne peut juste pas supporter quand Michael est fâché contre elle. Il l'a souvent accusée de ne pas se préoccuper de lui alors qu'elle essayait de refuser ses demandes et il l'a quelques fois menacée de quitter la ville ou bien de se suicider s'il n'obtenait pas ce qu'il voulait. Sachant qu'elle est le seul membre de la famille qui communique avec lui, elle prend soin de lui donner ce qu'il souhaite.

À la grande consternation de Judy, elle a quelques fois conduit Michael à son revendeur de drogue afin qu'il achète son héroïne. Elle frissonne à l'intérieur chaque fois qu'elle y pense et sanglote dès qu'elle l'avoue à quelqu'un. Judy souhaite plus que tout au monde que Michael arrête sa consommation, mais elle se dit que la seule façon de s'assurer qu'il soit en sécurité, ou même en vie, est qu'elle lui apporte son aide.

Cela dure déjà depuis plusieurs années. Dans son égocentrisme, Michael abuse de l'amour de sa sœur ainsi que de sa peur des conflits. Puisqu'il entretient une dépendance active, sa vie tourne autour de lui et de ses propres besoins. Il ne voit pas la douleur profonde de sa sœur et Judy ne lui avoue pas. Par conséquent, Michael ne ressent pas le besoin et n'a pas l'occasion de prendre des décisions différentes. Il ne ressent pas le besoin de cesser sa dépendance ou de réparer sa relation avec Judy qui, elle, avec sa codépendance, est maintenant dépendante de la dépendance de Michael puisque sa vie tourne maintenant complètement autour de lui. En fait, à cause du désespoir, de la dépression et de l'anxiété qu'elle ressent constamment, elle est actuellement à risque de perdre son emploi et son respect d'elle-même est au plus bas.

La combinaison de l'usage continue d'héroïne de Michael et des comportements facilitateurs de Judy a créé une situation perdante sur toute la ligne non seulement pour eux, mais également pour tous les membres de leur famille.

Nous apprenons aux autres comment nous traiter

Afin de permettre à la codépendance d'entrer en jeu dans une relation, deux choses doivent survenir : la personne servile doit dire *oui* beaucoup plus souvent que *non*, et l'autre personne ne doit pas seulement accepter cela, mais elle doit également commencer à s'attendre à ce que cela se produise. Une fois cette dynamique en place, il peut être difficile de briser ce cercle vicieux. Bien qu'il soit possible que les codépendants tentent en réalité de se protéger en évitant la colère ou la déception des gens autour d'eux, ce qui peut être vu comme étant une intention de prendre soin de soi-même, ce n'est malheureusement pas une forme saine de soin personnel lorsque c'est fait par résistance à un désagrément.

Lorsque vous dites systématiquement *oui* à une autre personne et lorsque vous acceptez toute forme de maltraitance dans vos relations, vous apprenez essentiellement aux gens qu'il soit normal pour eux de vous traiter de cette façon. Bien qu'il soit possible que vous n'en soyez pas conscient, vous avez en réalité autant de pouvoir et de contrôle que cette autre personne, puisque chacun de nous ne peut réellement que se contrôler soi-même.

Quand vous *choisissez* de donner votre pouvoir et votre contrôle à une autre personne, vous commencez à ressentir la piqûre de la codépendance. La vérité est que personne ne peut être irrespectueux envers vous sans votre permission, et lorsque vous vous lancez dans des comportements serviles vous donnez alors la permission implicite aux autres de profiter de vous et de vous traiter de manière irrespectueuse.

Êtes-vous en relation d'aide ou de facilitation ?

Lorsque les accros se retrouvent dans les affres de leur

dépendance, ils ont généralement besoin de beaucoup avant d'être prêts à arrêter. Ils utilisent leurs comportements de choix afin d'échapper aux problèmes dans leur vie tels que des traumatismes non traités, des tâches quotidiennes difficiles ou des sentiments pénibles à affronter. Leur crainte de ne pas pouvoir se livrer à leurs familières et addictives diversions peut être si accablante qu'ils ne savent littéralement pas qui ils sont ou comment s'identifier à leur vie sans elles.

Mais, afin de devenir une personne saine physiquement, émotionnellement et spirituellement, nous devons apprendre à gérer l'inconfort et nous devons être prêts à affronter nos tâches quotidiennes même lorsque nous les trouvons désagréables. Lorsque vous laissez l'accro dans votre vie se cacher dans la dépendance, vous ne l'aidez pas. Fondamentalement, vous le « sauvez » du fait de devoir prendre ses responsabilités, ce qui ne l'aide vraiment pas. Lorsque facilités de la sorte, certains accros commencent à croire qu'ils ne sont pas aptes à prendre soin d'eux-mêmes, ce qui n'est absolument pas vrai. Ils n'ont simplement pas été amenés à le faire, alors ils se voient comme étant incompétents. Et donc, le cercle vicieux continue : plus ils croient qu'ils ne sont pas capables de prendre soin d'eux-mêmes, plus ils utiliseront leur dépendance comme un bouclier contre le manque de respect de soi qu'ils ressentent.

Pour une personne servile, la peur de la confrontation peut être accablante et causera au final de la paralysie dans ses relations. Si cela constitue une peur pour vous, alors il est de votre responsabilité de changer cette habitude. Vous pourriez décider de recevoir de l'aide psychologique afin de déterminer ce qu'est réellement votre peur ainsi que son origine. Pour plusieurs personnes, cette peur découle d'un traumatisme vécu pendant l'enfance qui n'a pas été résolu. Dès que vous commencerez à vous comprendre plus en profondeur, l'établissement et le maintien de limites saines et respectueuses de vous-même dans toutes vos relations deviendront plus faciles pour vous et, en agissant de la sorte, vous « aiderez » les autres en mettant de l'avant l'attente qu'ils fassent également leur propre travail intérieur de guérison. Pouvez-vous comprendre que le fait d'arrêter de faciliter votre être aimé dépendant pour plutôt commencer à l'aider puisse, en réalité, être plus aimant à long terme ?

Quitter la codépendance pour une saine affirmation de soi

Maintenant que nous avons établi la différence entre faciliter et aider et que vous pouvez comprendre le besoin d'apporter des changements dans les dynamiques de vos relations, il est possible que vous vous demandiez comment y arriver.

Deux choses doivent se produire afin que vous soyez en mesure de quitter votre codépendance pour en arriver à une saine affirmation de soi. Comme vous l'avez vu précédemment, plusieurs personnes continuent de faciliter afin de détourner la déception, la frustration et la colère d'autres personnes. Par conséquent, votre premier défi sera d'apprendre comment faire face à ces sentiments que les autres peuvent déverser sur vous lorsque vous décidez de ne pas faire tout ce qu'il faut pour leur plaire. Si vous pouvez gérer la déception, la frustration et la colère des autres sans en avoir peur, il vous sera alors possible de devenir émotionnellement libéré. Si vous pouvez apprendre à rester fidèle à vous-même et à faire de cela votre but le plus important, vous n'aurez plus à vous livrer à des comportements serviles puisque vous serez capable de vous exprimer avec assurance. Vous n'aurez alors plus à vivre dans la peur.

Quand votre être aimé dépendant exige quelque chose de vous, il vous sera plus facile de lui dire que ce qu'il ou elle vous demande n'est pas approprié et que vous décidez de ne pas y donner suite. Si l'accro décide de rager ou de lancer des ultimatums, vous n'aurez pas à céder à la manipulation. Bref, vous arrêterez de faciliter.

Votre second défi sera d'accroître votre conscience de vous-même. Vous devez être en mesure de discerner la différence au plus profond de vous entre un *oui* et un *non*. S'il y a des moments où vous êtes ambivalent ou incertain à propos de vos sentiments entre le *oui* et le *non*, il est approprié de dire aux autres que vous avez besoin de réfléchir à la question et que vous leur donnerez une réponse plus tard.

Ce nouveau comportement demandera du temps et de la pratique. Lorsque vous commencerez, il se peut que vous fassiez une erreur et que vous cédiez à une requête non désirée en le reconnaissant seulement plus tard. Mais, savoir que vous travaillez à développer cette aptitude intérieure vous aidera à empêcher de vous sentir victime de ce qui vous arrive lorsque vous vous trouverez à faire des choses que vous ne souhaitez pas réellement faire. Vous saurez au fond de vous que vous êtes en processus d'apporter un changement important et vous commencerez à ressentir un nouveau respect pour vous-même – un concept qui a pu vous sembler étranger jusqu'à présent.

Développer son respect de soi constitue un parcours extraordinaire. En accomplissant votre travail intérieur et en commençant à faire des choix différents, vous serez étonné des récompenses merveilleuses qui vous attendent. L'effet d'entraînement est stupéfiant. Alors que vous commencerez à vous respecter, vous remarquerez que vous souhaitez prendre soin de vous le mieux possible, et ce, autant que possible. Vous vous trouverez à choisir de la nourriture plus saine, à vouloir faire de l'exercice et à faire plus attention aux personnes que vous choisissez comme amis. Si vous continuez sur cette voie, comme étant un travail en cours de réalisation, vous verrez votre vie entière changer au fur et à mesure que votre respect de vous-même augmentera, et ce, un choix à la fois.

8

TRUC DE SURVIE NO 6 : NE CÉDEZ PAS À LA MANIPULATION

_____

« Aucun prix n'est trop élevé pour accéder
au privilège d'être propriétaire de soi-même »
-Nietzsche

On dit que le mot le moins aimé d'un accro est *non*.
Lorsque des personnes vivant avec des comportements
de dépendance destructeurs ne sont pas prêtes à faire un
changement important en ce qui concerne leur
dépendance, elles sont prêtes à faire pratiquement

_____

n'importe quoi afin de pouvoir continuer. Pour citer un autre slogan du programme des 12 étapes, les accros pratiquants « veulent ce qu'ils veulent, quand ils le veulent et ils le veulent maintenant. »

Dire *non* à un accro

Lorsque des accros déterminés à s'impliquer dans leurs comportements néfastes sont défiés par leurs proches, ils deviennent des maîtres de la manipulation afin de pouvoir continuer leur dépendance. Leur crainte d'arrêter leur consommation est si grande qu'ils feront à peu près n'importe quoi pour éviter d'être honnêtes avec eux-mêmes et avec vous. Et, lorsque vous vous retrouvez à subir les mesures draconiennes que les accros peuvent prendre, il est possible que vous ne sachiez pas comment gérer la situation.

Quelques-uns des comportements manipulateurs que vous pouvez rencontrer lorsque vous dites non à un accro incluront le mensonge, la tricherie et la rage ainsi que le blâme et les tentatives de culpabilisation. Quelques accros peuvent également devenir dépressifs ou bien développer d'autres sortes de maladies émotionnelles et physiques afin de tenter d'éviter d'avoir à prendre leurs responsabilités. Ces réactions peuvent être difficiles pour vous à gérer, particulièrement si elles se produisent régulièrement, alors il peut sembler plus facile de simplement céder aux demandes de votre être aimé. Et, c'est exactement ce que l'accro dans votre vie espère, puisque c'est de cette façon que sa dépendance peut continuer.

Cependant, le problème est que plus vous vous laisserez manipuler par l'accro, plus manipulateur il ou elle a des chances de devenir. Les personnes qui veulent ce qu'elles veulent lorsqu'elles le veulent n'abandonnent généralement pas si facilement, en particulier si elles savent, par des expériences antérieures, qu'avec juste un peu plus de persuasion, vous allez flancher et leur donner ce qu'elles veulent.

L'histoire suivante démontre comment la vie devient problématique lorsque les parents d'Andy ne mettent pas de frein à ses manipulations.

Les parents d'Andy se sentent impuissants

Le fils adoptif de Bethany, Andy, a un problème avec l'alcool. Maintenant âgé de dix-neuf ans, il boit presque quotidiennement, et ce, depuis qu'il a onze ans. Andy a eu sa première expérience avec la bière lorsqu'il avait neuf ans, et, en moins de deux ans, sa consommation d'alcool s'est empirée; il participe maintenant à des beuveries avec des ados plus âgés durant les fins de semaine.

La mère biologique d'Andy était une héroïnomane qui

a perdu la garde de son fils et ce dernier s'est retrouvé en famille d'accueil alors qu'il était bambin. Lorsque Bethany et son mari, Paul, adoptèrent Andy alors âgé de cinq ans, ils n'avaient aucune idée du problème hérité par Andy à cause du syndrome d'alcoolisation fœtale.

Au cours des six dernières années, Andy a eu des problèmes continus à l'école, y compris la suspension et l'expulsion à cause de bagarres, de vols et de la tricherie lors d'examens. Il a également volé sa famille pour se procurer de l'alcool et il a menti à Bethany à plusieurs reprises à propos de ses allées et venues et de ses passe-temps. Il a eu des problèmes avec la justice et il a passé quelque temps dans un centre de détention juvénile. Présentement, il refuse catégoriquement de participer à un programme de thérapie et ses parents se sentent impuissants à le forcer à y assister.

Andy décida de quitter l'école sans avoir terminé sa quatrième année du secondaire. À ce jour, deux ans plus tard, il est déprimé et il a de la difficulté à se trouver un emploi. Il n'a aucun plan pour son avenir. Il vit chez ses parents, buvant et fumant du pot dans sa chambre. Andy dort généralement jusqu'en milieu d'après-midi et il reste éveillé la majeure partie de la nuit à jouer à des jeux vidéo et à poursuivre sa dépendance.

Paul n'approuve pas ce comportement et il n'en peut plus de regarder son fils traîner sans direction. Il a sans enthousiasme suggéré de le mettre à la porte s'il ne se trouve pas un emploi « bientôt ». Sa mère, cependant, souhaite qu'Andy continue à vivre à la maison, peu importe ce qui arrive. « Au moins je sais où il se trouve », dit-elle à son mari. Même si Andy reçoit maintenant des allocations gouvernementales mensuelles, Bethany ne pense même pas à lui demander de contribuer financièrement à quoi que ce soit dans leur famille puisque, lorsqu'elle l'a mentionné précédemment, il s'est fâché contre elle et Bethany ne peut juste pas le supporter. De ce fait, aucune conséquence n'a été établie pour son manque d'entraide dans la maison.

Andy rage et devient turbulent lorsque ses parents le confrontent au sujet de sa façon de vivre sa vie. Bien que Paul soit en mesure de mieux gérer ces réactions que Bethany, il ne crée pas de saines limites pour son fils. Pour sa part, Bethany a maintenant tellement peur des envolées de colère d'Andy des dernières années qu'elle essaie tout simplement de garder les choses « agréables ».

Andy passe souvent ses journées à la maison, mais, en soirée, il aime sortir faire la fête avec ses amis. Lorsqu'il demande de l'argent à ses parents, maman lui en donne secrètement tandis que papa lui dit non. Cette même dynamique se déroule fréquemment dans leur triade avec la plupart des demandes d'Andy. Le résultat est que les parents ne sont pas unis dans leur façon de gérer leur fils, ce qui rend les choses plus faciles pour ce dernier afin de les manipuler.

Il n'est pas rare qu'Andy rentre à la maison au petit matin, ce qui entraîne plusieurs nuits blanches pour ses parents qui s'inquiètent constamment pour lui. Lorsqu'Andy rentre à la maison, il est souvent défoncé ou ivre et bruyant. Il est reconnu pour se faire à manger au beau milieu de la nuit, cognant les assiettes, les chaudrons et les casseroles, réveillant Paul et Bethany et mettant en danger la maisonnée en cuisinant dans cet état d'esprit altéré. Il ne nettoie pas après avoir terminé et, lorsque ses parents lui demandent de le faire, Andy sait sur quel bouton appuyer afin d'obtenir la plus grande réaction émotionnelle. Il jure après eux, leur dit qu'ils sont d'horribles parents et part en trombe vers sa chambre où il augmente le volume de sa musique afin que tous l'entendent.

Bethany et Paul aiment énormément leur fils, même s'ils n'aiment pas plusieurs de ses comportements et qu'ils ne savent pas quoi faire pour l'aider. Le fait qu'ils ne s'accordent pas sur la façon de gérer Andy constitue un problème important. À cause de la honte qu'ils ressentent au sujet des actions d'Andy, Bethany le dorlote pendant que Paul le gronde régulièrement. Ils n'ont pas parlé à un thérapeute à propos de leur situation et ils n'ont pas non plus participé à un groupe de développement personnel. Ils ont peur d'établir de réelles limites avec Andy, qui semble maintenant avoir le plus gros bout du bâton dans la maison. Bethany et Paul ont tous les deux peur que s'ils le provoquent trop, Andy pourrait quitter la maison et finir dans la rue – une pensée qui les tient éveillés la nuit, remplis d'inquiétudes. Ils ne savent pas quelles sont leurs options et se sentent les mains liées.

Une revue rapide de l'aide et de la facilitation

Une revue rapide de la différence entre aider et faciliter est importante. Lorsque vous laissez un accro (ou n'importe qui d'autre) vous manipuler, vous lui permettez essentiellement de continuer à se livrer à des comportements qui l'empêche de développer son autonomie et son respect de soi. Cela n'avantage personne et est, par conséquent, une situation perdante sur toute la ligne.

Afin de nous respecter nous-mêmes, nous devons vivre des expériences qui nous demandent de gérer les complications de la vie. Si vous sauvez les autres en les facilitant, vous leur dérobez la possibilité d'apprendre comment gérer les situations difficiles. Puisque nous développons notre croyance de nous-même en tant que personne compétente en surmontant des défis, nous devons encourager les personnes que nous aimons à se faire confiance et à apprendre comment gérer les choses difficiles de la vie.

Voyons les choses en face – la vie est parfois difficile, et ce, pour tout le monde. Mais, afin que les accros obtiennent les récompenses du respect de soi et de la confiance en soi, ils doivent apprendre à gérer les exigences de la vie. Et c'est la même chose pour vous; si vous laissez place à la manipulation dans vos relations, vous n'exigez pas assez de vous-même et, au final, tout le monde en souffrira.

La vérité est qu'aucun de nous ne peut être manipulé sans notre permission. Dire *non* est une première étape importante vers le changement – pour vous et également pour votre être aimé dépendant. Laissez savoir aux accros que vous vous souciez assez d'eux pour vouloir une relation plus saine avec eux pourrait être assez afin qu'ils comprennent que vous n'êtes pas en train d'essayer de les punir en maintenant vos limites avec assurance.

Une fois que vous avez ouvert la voie pour la manipulation dans vos relations en l'acceptant implicitement, il faudra probablement un petit bout de temps afin de changer cette dynamique. Dans l'exemple précédent, Bethany pourrait commencer par dire *non* aux demandes d'argent de son fils, et peut-être suivre une thérapie afin d'apprendre comment gérer la colère d'Andy alors qu'elle entreprend ce changement important en ce qui concerne ses comportements facilitateurs. Elle pourrait même décider de déposer l'argent qu'Andy lui demande dans un compte d'épargne qui pourrait servir à son éducation ou à payer son premier mois de loyer lorsque ce dernier est prêt à mieux prendre ses responsabilités.

Lorsque vous commencerez à établir des limites plus appropriées et que vous leur resterez fidèle, peu importe la façon dont les autres pourront tenter de vous en dissuader, plus grandes seront vos chances de vous sortir du rôle de « victime » dans ces relations pour vous diriger vers la personne respectueuse de soi que vous êtes destiné à devenir.

9

TRUC DE SURVIE NO 7 : POSEZ-VOUS LA « QUESTION MAGIQUE »

———————

« L'inquiétude est comme une chaise berçante :
elle vous donne quelque chose à faire, mais ne vous mène
nulle part »
-T. Harv Eker

Nous pouvons parfois devenir «dépendants» de la dépendance d'une autre personne.

De la même façon que les accros utilisent les drogues, l'alcool et d'autres comportements de dépendance afin

———

d'éviter d'avoir à gérer la honte qu'ils ressentent parce qu'ils se sentent indignes et malaimés, il se peut que vous vous concentriez trop sur le comportement de l'accro afin de ne pas avoir à porter votre attention sur votre propre vie.

La question magique

Tout comme plusieurs profondes inspirations, la question magique est assez simple de nature, mais elle n'est pas toujours facile à répondre : « Comment serait ma vie si ce problème ou cette situation n'existait pas ? » Si vous n'aviez pas à vivre avec l'inquiétude et l'anxiété d'avoir à vous occuper d'un proche qui se livre activement à un comportement de dépendance, comment serait *votre* vie ?

Lorsque je pose cette question à mes clients, je reçois parfois une réponse surprenante, particulièrement s'ils sont en mesure d'aller plus loin que ce type de réponse évidente « Ma vie serait géniale ». Un homme m'a dit : « Je ne sais pas ce que je ferais de moi-même », une réponse honnête et une réponse qui piège souvent les gens dans leur codépendance. Lorsque nos vies entières sont centrées sur un problème en particulier, la pensée de ne plus avoir à le gérer peut sembler effrayante.

Une femme a répondu : « Je me sentirais inutile », ce qui démontre qu'elle recevait son estime d'elle-même ou son sens de valorisation principalement en se rendant utile aux autres. À ce moment de sa vie, elle sentait nécessaire de devoir prouver sa valeur aux autres au lieu de simplement connaître sa propre valeur. Par conséquent, tout ce qu'elle faisait pour les autres était sous prétexte de prouver son utilité. Par exemple, elle commençait à être contrariée par son mari alcoolique, mais elle se sentait encore mise en valeur en jouant le rôle de gouvernante et de conductrice désignée dans leur relation. Quand j'ai posé la question magique à une autre femme, cette dernière a hésité une minute avant de répondre. Elle a ensuite souri tristement et m'a expliqué que bien qu'elle commençait à être fatiguée de toujours avoir à implorer son conjoint dépendant de l'Internet à passer plus de temps avec elle et leurs enfants, elle reconnut qu'elle n'était pas encore prête à abandonner l'entière responsabilité de la gestion de leur foyer. La pensée de ne plus être en mesure d'utiliser la dépendance de son conjoint comme moyen de maintenir un contrôle total dans leur famille était, au tout début, effrayante pour elle.

Lorsque vous êtes dans une relation de codépendance avec un accro, il est possible que vous soyez tellement habitué à faire passer les besoins de l'accro avant les vôtres que vous ne pouvez simplement pas imaginer une autre façon de vivre. Comme vous l'avez vu dans le chapitre précédent sur la différence entre aider et faciliter, ce n'est pas sain ni pour vous ni pour votre être cher dépendant. C'est une situation perdante qui, fondamentalement, n'aide personne.

Jack et Sally nettoient la maison

Jack et Sally sont mariés depuis douze ans. Tous deux âgés d'une quarantaine d'années, c'est pour tous les deux leur deuxième mariage. Même s'ils n'ont pas d'enfant, ils ont deux chiens qu'ils adorent.

Sally est une acheteuse excessive compulsive, et ce, depuis son enfance. Petite fille, elle accompagnait souvent sa mère, elle-même acheteuse excessive compulsive, dans d'excitantes excursions de magasinage dans des centres commerciaux et des boutiques. Ensemble, elles décidaient de leurs achats et marchaient fièrement avec plusieurs sacs remplis de petits cadeaux pour elles-mêmes et pour tous les membres de leur famille.

Les plus précieux souvenirs de Sally au sujet de sa mère tournent autour de ces moments ensemble. Durant leurs précieuses sorties de magasinage, Sally était en mesure d'oublier la maladie mentale de sa mère, préférant de beaucoup les hauts de son trouble bipolaire aux atroces bas alors que sa mère ne quittait que rarement sa chambre. Leur lien particulier se produisait lorsque sa mère se sentait, comme elle le décrivait : « au septième ciel », mais disparaissait lorsqu'elle vivait ses périodes qui l'entraînaient « dans les profondeurs du désespoir ».

Adolescente, Sally continua d'aimer magasiner. Elle basait souvent ses relations avec d'autres filles sur leur propension à magasiner fréquemment avec elle, puisque c'était la façon qu'elle connaissait afin d'établir des liens affectifs avec ses amies. Dès son enfance, sa chambre était comme un refuge rempli d'achats qui, bien que non nécessaires, la faisaient se sentir spéciale et aimée.

Une fois le secondaire terminé, Sally poursuivit des études supérieures en mode et devint une acheteuse pour un important magasin de vente au détail. De cette façon, elle pouvait combler son amour pour le magasinage tout en bâtissant sa carrière. Non seulement Sally commença à gagner un très bon salaire, mais elle recevait également une réduction considérable sur ce qu'elle achetait en magasin, lui permettant ainsi d'acheter encore plus d'articles. Malheureusement, cela ne fit qu'alimenter sa dépendance.

Sally se maria avec son premier mari, Carl, à l'âge de vingt-deux ans, et emporta avec elle dans leur nouvelle demeure un bon nombre de boîtes et de sacs contenant ses effets personnels. En peu de temps, le désordre devint impossible à gérer pour Carl. Lorsque Sally refusa de limiter son magasinage, de se débarrasser de quoi que ce soit ou de participer à une thérapie, Carl la laissa et demanda le divorce. Cette tournure d'événements ne fut pas un « fond » assez profond pour Sally, elle enterra simplement sa douleur avec de plus en plus d'achats.

Jack fut totalement épris de Sally lors de leur première rencontre durant une fête, plusieurs années après son divorce. Elle était jolie, bien vêtue et paraissait comme une femme confiante. Il ne réalisa pas qu'elle avait un problème d'achats excessifs compulsifs et il ne se demanda pas non plus pourquoi elle ne l'invitait jamais chez elle. En tant que représentant commercial pour une importante entreprise d'informatique, Jack était heureux d'avoir Sally à son bras. Bien qu'il ait du succès dans sa carrière et qu'il gagne un salaire assez considérable, il avait quelques problèmes d'estime personnelle, sentant souvent qu'il ne méritait pas d'être avec une beauté comme Sally. Jack satisfaisait gaiement tous ses caprices, ce qui les a satisfaits tous les deux pendant un temps. Lorsqu'ils se sont mariés un an plus tard, Jack ne broncha pas d'un cil au sujet des toutes les « choses » que Sally emporta avec elle. En fait, il lui acheta rapidement une plus grande maison dans laquelle elle pourrait tout ranger et commença à la joindre dans sa dépendance au magasinage en faisant quelques achats onéreux pour lui-même.

Rapidement, par contre, Jack se fatigua de tous ses nouveaux jouets. Leur grande maison devenait vite trop petite pour abriter toutes les possessions de Sally. Lorsque Jack lui en parla enfin et la questionna à ce sujet, elle devint tellement en colère et sur la défensive qu'il n'osa plus lui en reparler. Par conséquent, la combinaison de la facilitation codépendante de Jack et de la dépendance libre de Sally continua pendant plusieurs années.

L'année dernière, Jack a atteint un point où il en a eu assez de la dépendance d'achats exorbitants de Sally après avoir découvert qu'ils étaient endettés de plusieurs milliers de dollars, et ce, malgré leurs deux revenus abondants. Et le pire pour Jack l'extraverti, c'était qu'ils étaient presque devenus des ermites dans leur propre demeure : presque chaque recoin était couvert de vêtements et d'autres articles achetés par Sally, mais qui n'ont jamais été utilisés, alors leurs amis n'étaient jamais invités chez eux. Par conséquent, plusieurs de leurs amitiés en ont souffert.

Le désordre toujours grandissant devint si hors de contrôle que Jack ne voulait plus vivre dedans. Il commença à voir un thérapeute spécialisé dans le traitement des comportements de dépendance. Lorsqu'elle lui posa la question magique, Jack avait déjà la réponse : « Je serais en mesure d'apprécier ma vie et de faire les choses qui me manquent, comme recevoir mes amis à la maison pour regarder la partie à la télévision. » Après une brève pause, il ajouta honteusement : « Je serais peut-être même capable de retrouver mes bâtons de golf. »

Alors que Jack continuait sa thérapie, il en apprit sur la dépendance d'achats excessifs compulsifs de Sally. Il commença également à comprendre son rôle dans cette situation malsaine. Jack compris que, pendant tout ce temps, en restant silencieux, il avait en fait facilité les comportements de Sally et sa peur de la confrontation et de l'abandon avait alimenté sa codépendance.

Jack était finalement prêt pour une nouvelle vie, une vie dans laquelle il pourrait faire quelques-unes des activités qui lui plaisent, telles que d'organiser des barbecues chez lui pour ses amis ou bien de recevoir sa famille chez lui lorsqu'elle est en ville. Il ne voulait plus avoir à endurer le stress de leurs dettes et, sur l'avis de son thérapeute, il consulta un conseiller en redressement financier afin de commencer à développer un plan de remboursement. En dernier lieu, et le plus important, Jack trouva le courage de dire à Sally qu'il avait besoin qu'elle suive une thérapie pour sa dépendance sans quoi il la quitterait.

Ce fut un rappel à l'ordre pour Sally. Elle aimait Jack et ne désirait pas un autre divorce, ce qu'elle voyait maintenant comme une nette possibilité. Elle a touché le fond avec sa dépendance.

Sally et Jack ont participé à des séances de thérapie individuelles et de couple pendant plusieurs mois. Ils se sont mis d'accord pour engager une spécialiste du ménage et de l'organisation et ils se préparent présentement à chacun vendre et à donner plusieurs choses. À la suite de leur thérapie, ils ont trouvé des moyens autres que la dépense d'argent afin de créer des liens et Jack s'affirme maintenant avec Sally. Aujourd'hui, leur dur labeur a créé un mariage fort.

De quelles façons la question magique peut-elle vous aider?

Si vous reconnaissez que vous agissez de façon codépendante, il est possible que vous puissiez bénéficier d'une formulation différente de la question magique. Posez-vous plutôt la question suivante : « Ma vie serait-elle meilleure si je n'étais rongé par des comportements qui facilitent mes proches ?» ou encore «Qu'est-ce que j'aurais le temps de faire pour moi dans ma propre vie si je n'étais pas constamment concentré sur l'accro ?»

Une fois encore, il est important de vous rappeler que vous êtes impuissant face à quiconque autre que vous-même. Essayez autant que vous voudrez de changer les comportements des gens dans votre vie, ils ne le feront pas tant qu'ils ne reconnaîtront pas qu'ils ont quelque chose d'important à perdre et qu'ils soient prêts à faire les changements nécessaires. Et, bien entendu, c'est la même chose pour vous. Alors que vous commencerez à comprendre qu'il est vain de continuer d'essayer de changer les choses que vous ne pouvez pas changer, vous gagnerez la sagesse de savoir que vous pouvez changer les choses en vous-même et rien d'autre.

Modifier vos propres comportements problématiques est autant un choix qui vous est personnel que d'arrêter un comportement de dépendance l'est pour un accro. Il ne sera probablement pas facile pour vous de changer vos habitudes malsaines au début et cela vous demandera du courage et de la détermination. Par contre, en comprenant de plus en plus les nombreux avantages de faire ces changements – particulièrement le respect de soi que vous ressentirez en faisant des choix plus sains – vous serez mieux préparé à faire le travail intérieur requis pour vous sentir mieux à propos de vous-même et de votre vie.

Vous poser la question magique ne signifie pas que vous

devez arrêter de vous inquiéter pour votre être aimé dépendant. Cela signifie plutôt de développer une compréhension plus profonde de la distinction entre *s'occuper* des autres et *se préoccuper* d'eux. Lorsque des personnes ne sont pas en mesure de s'occuper d'elles-mêmes – à cause d'une maladie grave, par exemple – alors la prestation de soins est de mise. Toutefois, si vous vous occupez et essayez de contrôler des gens qui sont capables et qui doivent prendre soin d'eux-mêmes, vous les entretenez ou les facilitez.

La seule personne dont vous pouvez et dont vous devriez prendre soin est vous-même. La gestion holistique des soins personnels est un cadeau merveilleux à se faire et est la fondation des relations saines avec les gens dans votre vie.

Êtes-vous prêt à faire le changement vers la gestion de vos soins personnels?

10

TRUC DE SURVIE NO 8 : COMPRENEZ QUE « PRENDRE SOIN DE SOI » NE SIGNIFIE PAS ÊTRE « ÉGOÏSTE »

―――――――

« Ce que vous désirez éventuellement devenir, vous devez l'être chaque jour.
Avec de l'entraînement, la qualité de vos actions rejoindra votre âme »
-Frank Crane

La gestion des soins personnels – Mon sujet favori

Pratiquer la gestion holistique des soins personnels est la chose la plus bienveillante et la plus aimante que nous pouvons faire pour nous-mêmes.

Ironiquement, prendre soin de soi constitue également un problème qui présente beaucoup de résistance de la part de plusieurs personnes. Cela s'explique par l'idée préconçue couramment répandue qui définit qu'afin de pouvoir prendre soin de soi, il est également nécessaire d'égoïstement mettre nos propres besoins au premier plan coûte que coûte.

Pour moi, prendre soin de soi et être égoïste sont deux idées très opposées. Afin de clarifier, regardons ce qui arrive lorsque nous voyageons en avion. Alors que l'avion se prépare au décollage, la voix de l'agente de bord se fait entendre dans les haut-parleurs. Elle fait son annonce des procédures de sécurité de l'avion, recommandant que si vous voyagez avec des enfants, des personnes handicapées ou des personnes âgées, vous devriez toujours placer votre propre masque à oxygène avant d'essayer de placer le masque d'une autre personne. Lors de nombreux vols, elle va répéter cette consigne de ne jamais tenter de placer le masque d'une autre personne avant d'avoir placé le vôtre.

Je trouve que c'est l'analogie parfaite d'une saine gestion de nos besoins personnels. C'est tout à fait sensé : si vous ne pouvez pas respirer, comment serez-vous en mesure d'aider une autre personne à respirer ? Dans ce cas, le fait de mettre vos besoins devant ceux des autres n'est pas égoïste. Vous devez prendre soin de vos propres besoins en premier. C'est seulement ainsi que vous serez en mesure de vous donner aux autres qui ont besoin de votre aide. Le même principe s'applique dans vos soins personnels quotidiens. Plus vous prendrez soin de vous et que vous vous sainement, plus vous aurez l'énergie et le positivisme pour donner aux autres. Vous vous rendrez compte que cela s'applique dans toutes vos relations. Toutefois, si vous aimez un accro pratiquant, vous pouvez être certain que cette relation ne répondra pas à la majorité de vos sains besoins.

La gestion des besoins personnels est sans aucun doute un « travail intérieur », ce qui signifie que personne d'autre ne peut le faire pour vous. Bien qu'il soit vrai que certaines personnes peuvent être plus aimables envers vous et qu'elles vous traitent avec plus de soin et de respect que vous ne le faites parfois vous-même, c'est réellement à *vous* de déterminer quels sont vos besoins. Vous êtes également, au final, la seule personne responsable pour répondre à ces besoins.

Cependant, la plupart d'entre nous n'apprennent pas cela enfant; la gestion des soins personnels n'est souvent pas quelque chose qu'on nous enseigne. Nous avons peut-être eu des parents, des enseignants ou d'autres personnes aidantes qui savaient mieux comment prendre soin des autres que de prendre soin d'eux-mêmes. Également, alors que nous grandissions, il se peut que nos parents aient voulu tuer dans l'œuf tout égoïsme enfantin en utilisant possiblement des moyens excessifs afin d'y parvenir. Dans plusieurs familles, les enfants apprennent que les besoins et les désirs des autres passent souvent avant les leurs. Par exemple, « Qu'est-ce que les voisins vont penser ? » était un refrain courant dans ma famille d'origine. Avec le temps, j'ai fini par croire que mes besoins n'étaient pas aussi importants que ceux de mes voisins et j'ai porté en moi cette conviction erronée bien après mon entrée dans la vie adulte causant ainsi de stupéfiants coûts au niveau physique, émotionnel et spirituel.

Aujourd'hui, je comprends que je suis le centre de mon propre univers, comme nous le sommes tous en effet – et c'est de cette façon que les choses sont *censées* être. Cela ne signifie pas que j'ai la permission de blesser les autres seulement pour me satisfaire. Ce que cela signifie est qu'il m'incombe de savoir ce que sont mes sains besoins et de m'assurer d'y répondre, tout comme il est de votre responsabilité de faire de même pour vous.

Les principes des personnes serviles

Pour ceux d'entre nous qui ont grandi en devenant des personnes serviles en raison du système de valeurs familiales, changer cette identité peut être toute une épreuve. C'est, toutefois, un défi qui vous apportera d'immenses récompenses dans votre vie, et ce, à plusieurs niveaux. Si vous souhaitez faire ce changement pour vous-même, il serait tout d'abord bénéfique d'en comprendre les dynamiques.

Comme vous l'avez appris au chapitre 7, les personnes serviles rationalisent leurs comportements de codépendance en se disant qu'elles sont de «bonnes» personnes. Elles font de leur mieux pour ne jamais blesser les autres dans le but que tout le monde les aime. Cependant, elles font cela non pas parce qu'elles sont gentilles, mais parce qu'elles souhaitent éviter à tout prix les conflits et autres sortes de désagréments. La codépendance prospère dans une atmosphère d'appréhension. Afin de se protéger des émotions négatives tant redoutées de la part des gens autour d'elles, les personnes serviles font tout ce qu'elles peuvent pour que les autres se sentent à l'aise. Essentiellement, elles se contorsionnent comme des bretzels dans le but que tout le monde les aime. Le credo des personnes serviles est «Je ne dois jamais blesser une autre personne.» Donc, si quelqu'un a à être blessé dans une situation donnée, ces personnes choisissent de souffrir au lieu de s'exposer au risque de la colère, du jugement ou de la déception d'une autre personne.

Rappelez-vous que les personnes codépendantes mettent invariablement les besoins des autres devant les leurs. Même lorsqu'elles rationalisent leur amabilité sans fin, elles n'admettent que rarement que ce type de comportements inauthentiques leur donne souvent le sentiment que les autres profitent d'elles. Elles échouent à reconnaître que *nous apprenons aux autres comment nous traiter* : en se comportant comme des victimes sans aucune limite personnelle, les codépendants se mettent dans des situations pour être traités comme des carpettes par les personnes dont ils aimeraient qu'elles prennent soin d'eux. Cette dynamique devient souvent confuse pour les codépendants qui ont bien de la difficulté à comprendre pourquoi les autres profitent d'eux alors qu'ils sont si gentils !

Si vous avez des tendances serviles, il y a de fortes chances que vous soyez mal à l'aise dans des situations que vous considérez désagréables émotionnellement. Une part importante de votre gestion des soins personnels devra inclure l'apprentissage de la gestion des désagréments que vous craignez tant. Alors que vous découvrirez des méthodes qui fonctionnent pour vous, vos craintes diminueront graduellement et vous serez alors libre d'être vous-même dans n'importe quelle situation – et c'est le plus merveilleux et le plus respectueux des cadeaux que vous pouvez vous faire.

Les principes de la gestion des soins personnels

Comme vous pouvez vous en douter, le credo de la gestion des soins personnels est bien différent de celui des personnes serviles. Afin de réellement prendre soin de vous, vous devez être prêt à donner la priorité à vos propres besoins lorsque c'est approprié. Au lieu de toujours vous inquiéter de ce que les autres vont penser de vous, votre premier souci sera de vous demander comment vous vous sentez à propos de vous-même, en utilisant votre sain sens du respect de soi comme instrument de mesure. Mon père aimait bien dire : «Tu ne te soucierais pas de ce que les autres pensent de toi si tu savais qu'ils ne le font que très rarement.» C'était assez troublant pour moi de recevoir ce message en même temps que je me faisais dire que je devais me soucier de ce que les voisins pensaient, alors, étant enfant, je ne pouvais pas comprendre le sens de l'affirmation de mon père. Aujourd'hui, par contre, je comprends que les autres sont occupés à vivre leur propre vie comme étant le centre de leur propre univers. Mon travail est de vivre d'une façon respectueuse de moi-même, au meilleur de mes capacités, et ce, une journée à la fois. Mon travail est également d'être fière de moi et heureuse de la façon dont je vis ma vie.

Le credo de la gestion des soins personnels est :

« Bien que je me soucie des sentiments des autres,
l'opinion que j'ai de moi-même est plus importante pour
moi. »

Lorsque vous suivez le principe de la gestion des soins personnels, vous établissez des limites bénéfiques avec les autres dans votre vie, y compris vos proches. Même lorsque cela semble difficile, vous pouvez évaluer le besoin d'établir de saines limites en vous posant la question suivante : « Que dois-je faire dans cette situation ou que ne dois-je pas faire afin de me sentir bien avec moi-même ? »

Changer du credo des personnes serviles pour celui de la gestion des soins personnels requiert trois actions spécifiques. Premièrement, vous devez vous donner la permission d'être mal à l'aise pendant un certain temps alors que vous changez vos réactions envers vous-même et envers les autres. Deuxièmement, vous devrez être plus doux et plus patient envers vous-même – je vous prie de vous rappeler que devenir bon à quelque chose de nouveau prend du temps, mais aussi du courage. Troisièmement, vous devrez exercer vos nouveaux comportements de façon répétitive afin de vous sentir plus en confiance et plus respectueux de vous-même. Ce faisant, vous commencerez à ressentir les effets d'une saine gestion des soins personnels.

La différence entre la gestion des soins personnels et l'égoïsme

Plusieurs personnes confondent ces deux idées. Il se peut que vous croyiez que si vous adoptez une pratique d'une saine gestion des soins personnels, en vous priorisant, vous devenez égoïste. Bien qu'il soit possible que les autres vous perçoivent de cette façon et vous accusent d'égoïsme, si votre gestion des soins personnels est holistique et respectueuse de vous-même, ce ne sera pas du tout le cas.

L'égoïsme signifie essentiellement que vous voulez ce

que vous voulez quand vous le voulez et que vous êtes prêt à piétiner quiconque afin d'y parvenir. En fait, cela ressemble plus au comportement de l'accro égocentrique. Si vous êtes en relation avec un accro pratiquant, il est fort probable que vous ayez essayé de prendre soin des besoins de cette personne avant les vôtres. En agissant ainsi quotidiennement, vous avez sans doute commencé à vous sentir vidé, épuisé et amer.

Il est important de comprendre que l'accro dans votre vie a un investissement dans votre codépendance perpétuelle. Rappelez-vous que les gens utilisent des comportements de dépendance afin d'échapper à leurs responsabilités personnelles – ils souhaitent que vous preniez soin d'eux afin qu'ils n'aient pas à le faire. Aussitôt que vous commencerez à changer vos habitudes problématiques et commencerez à mieux prendre soin de vous, votre accro bien aimé commencera peut-être à utiliser des comportements encore plus manipulateurs afin de vous empêcher de grandir et de changer. Vous accuser d'être égoïste peut très bien faire partie de leur plan pour vous contrôler. Si vous en êtes conscient dès le départ et que vous vous y êtes préparé, votre changement vers la gestion de vos soins personnels sera beaucoup plus facile.

Prendre soin de soi signifie que vous vous respectez assez pour bien prendre soin de vous à tous les niveaux de votre vie, et ce, au meilleur de vos capacités. D'une certaine manière, lorsque vous pratiquez une saine gestion de vos soins personnels, vous êtes égoïste puisque vous donnez à vous-même, mais ce n'est pas la même sorte d'égocentrisme qui constitue la forme négative de l'égoïsme.

Alors que vous commencerez à prendre soin de vous et à ressentir le respect de soi qui vient avec, vous remarquerez que votre énergie augmente. En prenant du recul et en étant plus terre à terre et centré, vous pouvez décider si les gens dans votre vie ont réellement besoin de votre aide ou bien s'il serait mieux pour tous si vous preniez du recul pour leur permettre de trouver leur propre chemin. Non seulement vous serez en mesure d'aider les autres sans les faciliter, mais vous deviendrez également un modèle positif en ce qui concerne la pratique d'une saine et holistique gestion des soins personnels.

Les quatre domaines d'une gestion holistique des soins personnels

Comme nous l'avons vu au chapitre 4, augmenter votre gestion des soins personnels vous apportera plus d'aisance et de sérénité dans votre vie. Afin de devenir le meilleur possible pour prendre soin de vous, il est essentiel d'examiner les quatre éléments d'une gestion holistique des soins personnels : physique, émotionnel, mental et spirituel. Négliger n'importe lequel de ces domaines causera un déséquilibre dans votre santé en général. Certains de ces éléments peuvent se chevaucher, alors que d'autres sont séparés et distincts. Examinons maintenant chacun de ces quatre aspects en gardant un œil ouvert sur ce que vous pourriez choisir afin d'améliorer votre propre vie.

Soins physiques

Cet aspect de la gestion des soins personnels inclura tout ce qui concerne notre corps, abordant la saine alimentation, l'exercice physique régulier, le sommeil et le maintien de notre santé physique en général et de notre bien-être.

Vous avez sans doute déjà entendu la citation: « Vous êtes ce que vous mangez.» Les gens qui suivent de saines habitudes alimentaires font généralement des choix similaires en terme de nourriture, tels qu'une variété de fruits et légumes, des grains entiers, des protéines comme les viandes maigres, les légumineuses, le poisson et le soya, avec une diminution de la consommation de produits laitiers. Pour collation, ils vont souvent opter pour des produits faibles en sucre et en calories vides tels que noix, le beurre de noix, les barres tendres et les croustilles de pommes de terre cuites au four ou bien les croustilles de légumes. Plusieurs personnes soucieuses de leur santé vont sélectionner des produits alimentaires biologiques lorsqu'elles peuvent se le permettre financièrement.

Cependant, la plupart des gens incluant même ceux optant pour une alimentation des plus saines se permettent à l'occasion des petites gâteries comme les desserts, le chocolat et les collations salées. Le truc est de le faire en modération afin de garder le contrôle sur nos sensibilités alimentaires. Si vous tentez de vous priver complètement de la nourriture que vous aimez le plus, vous pourriez vous retrouver à vous livrer à des comportements de dépendance comme de vous goinfrer secrètement et de vous purger afin de satisfaire vos papilles gustatives ou bien pour changer le ressentiment que vous ressentez de ne pas pouvoir manger vos friandises préférées. Il n'est généralement pas nécessaire de vous priver totalement de votre nourriture préférée sauf si votre maîtrise de vous-même devient problématique ou bien si vos allergies alimentaires rendent votre situation problématique. Cela dit, si vous sentez que vous êtes un outre-mangeur émotionnel ou encore si vous ne mangez pas assez, votre gestion des soins personnels pourra également inclure l'aide d'un thérapeute qualifié pour vous aider à comprendre ce qui vous pousse à passer d'un extrême à l'autre en ce qui concerne la nourriture.

Un autre volet des soins physiques est, bien entendu, l'exercice. Je sais que certains d'entre vous ont peut-être grimacé en lisant cela, mais l'exercice peut inclure n'importe quelle activité entre aller dans une salle d'entraînement trois fois ou plus par semaine et marcher entre dix et trente minutes par jour.

Il est important que *vous vous respectiez* et que vous ne vous demandiez pas ce que votre corps sera en mesure de supporter. Si vous avez été actif tout au long de votre vie, alors la course, le vélo ou bien l'entraînement plusieurs fois par semaine pourrait ne pas être un problème pour vous. Si, par contre, vous avez été sédentaire un bon moment ou bien si vous avez lutté contre une maladie qui a entravé votre activité physique, il se peut que vous souhaitiez commencer par de simples étirements quotidiens et par la suite aller marcher pendant quelques minutes dès que vous vous en sentirez prêt. Peut-être aimiez-vous nager ou danser auparavant et vous aimeriez le réessayer. Peu importe la forme d'activité physique que vous choisissez, votre corps vous remerciera pour le moindre mouvement et votre respect personnel augmentera parce que vous saurez que vous prenez soin de vous d'une manière importante.

Un autre volet important des soins physiques est de vous assurer que vous bénéficiez régulièrement d'une bonne nuit de sommeil. Bien que l'insomnie légère occasionnelle soit courante pour la plupart des gens, il serait sage de consulter votre médecin de famille si vous éprouvez des problèmes de sommeil sur une base régulière, car plusieurs symptômes peuvent être facilement soignés. Le manque de sommeil peut conduire à un bon nombre de conséquences négatives telles que le manque de concentration, l'irritabilité, la perte d'appétit et les troubles émotionnels, alors il serait bénéfique pour vous de faire examiner ce problème.

En améliorant vos soins physiques et en commençant

à vous sentir plus en santé, il se peut que vous vous retrouviez à examiner les autres comportements de dépendance auxquels vous vous adonnez afin de vérifier si vous êtes prêts à lâcher prise sur un de ces derniers. Par exemple, consommez-vous plus d'alcool que ce que vous aimeriez ? Fumez-vous la cigarette ?

Lorsque j'ai commencé à mieux prendre soin de moi physiquement, j'ai commencé à avoir de la difficulté à continuer ma dépendance à la cigarette qui durait depuis quinze ans, à raison d'un paquet par jour. J'avais déjà tenté d'arrêter à plusieurs reprises au cours de ces années, mais sans succès. Toutefois, en commençant à exercer une plus saine gestion de mes besoins personnels, je suis devenue plus consciente des poisons que j'inhalais volontairement et je n'étais plus capable de me sentir bien avec moi-même lorsque j'allumais une cigarette. Mon tout récent respect personnel commençait enfin à sembler plus important que de continuer un comportement de dépendance coûteux et destructeur. Bien qu'il fût difficile pour moi d'arrêter de fumer après toutes ces années, je me sentis reconnaissante d'être enfin prête et, à ce moment-là, il fût en réalité beaucoup plus facile d'arrêter que je pensais.

Aucune discussion au sujet des soins physiques ne serait complète sans également parler des aspects plus agréables. Peut-être aimez-vous trouver des aubaines dans les magasins de vêtements rétro ou bien aller vous promener paisiblement les fins de semaine avec votre chien adoré. Vous souvenez-vous de la dernière fois que vous vous êtes offert un soin du visage, une manucure ou une pédicure ? Peut-être que vos cheveux paraîtraient bien avec une nouvelle coupe ou des mèches. Avez-vous vécu une saine relation sexuelle avec quelqu'un qui vous tient à cœur ? C'est important d'avoir du plaisir dans votre gestion des soins personnels et de ne pas seulement vous concentrer sur ce que vous « devriez » faire. Amusez-vous !

Soins émotionnels

Pratiquer la gestion des soins émotionnels signifie que vous prenez soin de vous de façon à vous aider à rester terre à terre et équilibré. Personne ne se sent merveilleusement bien tout le temps et il n'est pas rare de vivre des difficultés dans la vie. Toutefois, nous devons nous assurer de ne pas rester pris dans des schémas d'émotions négatives qui deviennent des zones de confort pour nous. Afin d'empêcher cela, nous devons prendre soin de notre santé émotionnelle.

Lorsque vous vous sentirez sain émotionnellement, vous vous retrouverez à vous sentir calme, en paix, centré, décontracté et amical et vous aurez la capacité de ressentir de la reconnaissance pour ce que vous avez dans la vie, et ce, même si les choses ne sont pas parfaites. Lors d'une journée ensoleillée, vous pourriez remarquer comme le ciel bleu est magnifique et lors d'une journée grise, le son de la pluie frappant votre fenêtre pourrait vous fasciner.

Les soins émotionnels sont un cadeau merveilleux à

vous offrir. C'est une situation gagnant-gagnant puisque non seulement les résultats sont gratifiants, mais le processus peut également être très amusant.

Pensez-y : à quand remonte la dernière fois que vous avez passé un bel après-midi avec un ami bienveillant et à l'écoute ? Depuis combien de temps ne vous êtes-vous pas gardé du temps pour lire ce livre que vous avez sur votre table de chevet depuis une éternité ? À quand remonte la dernière fois que vous avez écrit sur vous et votre vie dans un journal intime ? Avez-vous peut-être trouvé un thérapeute ou un mentor qui vous aide à comprendre votre vie quand vous sentez que les choses deviennent un peu folles pour vous ? Prenez-vous du temps afin d'apprécier un bon repas ou de jouer une rapide partie de tennis ? Ou bien, ce dont vous avez peut-être besoin par-dessus tout est de passer un peu de temps seul, pour explorer vos sentiments intérieurs et pour faire n'importe quelle activité qui vous tente sur le moment.

Certaines personnes sont plus aisément en mesure de comprendre les dangers potentiels de ne pas pratiquer une saine gestion des soins physiques qu'elles ne sont conscientes des risques possibles d'une mauvaise gestion des soins émotionnels. C'est parce que le corps physique commence souvent à montrer des signes de négligence plus rapidement que les manifestations d'un pauvre bien-être émotionnel ne deviennent évidentes. Toutefois, si vous ne prenez pas soin de vous au niveau émotionnel, plusieurs problèmes peuvent également survenir.

Les symptômes d'une détresse émotionnelle commencent, pour la plupart des gens, par un sentiment d'irritabilité généralisé. Il est probable que vous ne sachiez pas exactement ce qui se passe à l'intérieur de vous, mais vous ne vous sentez pas bien – juste pas comme vous-même. Lorsque cela se produit pour une durée indéterminée sans être abordé, une augmentation de la nervosité et de l'anxiété s'en suit généralement. Des sentiments de dépression, d'impuissance, de culpabilité, de honte et un épuisement émotionnel sont d'autres résultats possibles si on ne suit pas un plan d'une saine gestion des soins émotionnels.

Les manifestations comportementales de ce type d'épuisement émotionnel commenceront également à apparaître dans votre vie. Celles-ci incluent arriver en retard plus souvent qu'à l'habitude, vivre une augmentation des absences ou de faibles performances au travail ou à l'école, devenir plus critique envers les autres, commérer au sujet des gens et vous plaindre de façon répétitive. Vous pourriez remarquer que vous devenez plus défensif ou pessimiste, avec une intolérance aux autres généralisée qui commencerait à apparaître. Alors que cela se produit, il se peut que vous préfériez vous livrer à des activités solitaires telles que la lecture excessive, regarder la télévision exagérément ou encore passer un temps fou sur Internet. Il est également possible qu'au lieu de faire face au fait que quelque chose cloche dans votre vie, vous pourriez choisir de rester très occupé et socialement actif, préférant mener une vie de constante activité et même de chaos afin d'éviter d'avoir à gérer le stress émotionnel grandissant que vous vivez.

La gestion des soins émotionnels peut prendre différentes formes pour chaque personne, mais l'élément clé pour être en mesure de prendre soin de vous de cette façon est la connaissance de soi. Dans les programmes des 12 étapes, un acronyme utile que vous pouvez utiliser lorsque vous ne vous sentez pas tout à fait bien émotionnellement est A.E.S.F qui signifie **affamé, énervé, seul, fatigué.** Il est possible que vous ne sachiez pas toujours ce qui contribue à votre confusion émotionnelle, mais cet indicateur peut vous aider à déterminer le type de soin dont vous avez besoin à n'importe quel moment.

Dès que vous prenez conscience que vous ne vous sentez pas centré émotionnellement, essayez de vous demander ce dont vous avez besoin à ce moment précis. Les questions suivantes peuvent vous aider :

- Suis-je affamé ? Est-ce que mon taux de glycémie est bas, ai-je besoin de manger quelque chose ?

- Suis-je énervé ? Est-ce qu'il y a une situation frustrante émotionnellement ou bien difficile dans ma vie que je dois aborder et résoudre ?

- Suis-je seul ? Ai-je besoin d'entrer en contact avec des gens qui se préoccupent de moi ? Ai-je besoin de prévoir une petite réunion avec un ami ou d'avoir une sortie avec mon conjoint ?

- Suis-je fatigué ? Ai-je besoin de faire une sieste maintenant ? Est-ce que je bénéficie d'assez de sommeil ? Est-ce que je gère mon stress quotidien de façons saines ?

- Y a-t-il possiblement quelque chose d'autre que je néglige en ce moment en ce qui concerne une meilleure gestion de mes soins personnels ?

Utiliser **A.E.S.F** comme indicateur pour vos besoins émotionnels peut vous aider à mettre le doigt sur ce dont vous avez besoin à l'instant présent, vous permettant ainsi de vous sentir mieux plus rapidement. Vous saurez que vous vivez en santé émotionnellement lorsque vous pouvez gérer les nombreux hauts et bas de la vie, et ce, même lorsque vous vous sentez défié et peut-être submergé par ces derniers. Quand vous commencerez à prendre la responsabilité de cet aspect de vos soins personnels, la santé émotionnelle suivra comme un merveilleux rebondissement.

Soins intellectuels

Il est de notre responsabilité de conserver notre esprit vif. En vieillissant, et alors que nous traversons des difficultés dans notre vie, notre esprit commencera à laisser paraître des signes de déclin. Un bon exemple de cela pourrait être d'avoir plus d'épisodes du syndrome « Que suis-je donc venu faire dans cette pièce ? » que vous en avez l'habitude. Afin de conserver de saines et actives habiletés mentales, nous devons nous livrer à des activités favorables à notre bien-être mental et intellectuel.

À partir de leurs recherches au fil des ans, plusieurs neuroscientifiques nous affirment maintenant que nos cerveaux sont comme des muscles – utilisez-les ou perdez-les. De plus en plus, les chercheurs au niveau cérébral font la promotion du développement d'un plan de soin mental. Les quatre éléments suivants servent à développer une santé mentale plus robuste :

• Gardez vos activités *intéressantes*

• Assurez-vous que certaines de vos activités mentales sont *collectives*

• Tirez avantage des *nouvelles technologies*

• Stimuler votre esprit avec des *jeux de réflexion*

Quelques-unes des activités *intéressantes* auxquelles vous vous adonnez peuvent inclure la lecture (fiction et non-fiction), l'écriture d'un blogue quotidien ou bien faire des mots croisés. Si vous êtes doué en mathématiques, vous pourriez aimer le Sudoku, le bridge ou le backgammon. Les échecs et le scrabble sont également des jeux intéressants qui garderont votre esprit aiguisé. En apprendre au sujet de la culture et de la langue d'un pays étranger vous aidera à vous garder vif d'esprit. Des études ont également démontré que l'apprentissage d'un instrument de musique a des effets similaires sur la stimulation cérébrale.

Votre santé mentale bénéficiera également d'activités *collectives* avec d'autres personnes comme de participer à des cours ou à des séries de conférences, jouer aux cartes, à des jeux de société et prendre part à des conversations stimulantes. Ces passe-temps sociaux n'ont pas à se limiter à votre groupe d'amis; vous pouvez également apprendre et vous amuser avec vos enfants et vos petits-enfants ou encore vous pouvez faire du bénévolat dans une banque alimentaire ou bien dans votre hôpital local.

Afin de bénéficier des *nouvelles technologies*, vous pouvez simplement regarder quelques-uns des plus récents et extraordinaires gadgets sur le marché. Par exemple, plusieurs des nouveaux téléphones cellulaires peuvent remplir une multitude de fonctions, telles que vous permettre de surfer sur Internet, de répondre à vos courriels ou même de télécharger un livre complet pour le lire une page après l'autre lorsque vous faites la file au supermarché, dans la salle d'attente de votre médecin ou bien lorsque vous êtes coincé à l'aéroport. La plupart des gens ont déjà accès à un ordinateur. Si vous sentez que vous ne vous y connaissez pas assez en informatique et que vous aimeriez en apprendre davantage, vous aimeriez peut-être participer à un cours donné par la bibliothèque de votre quartier afin d'apprendre comment utiliser les technologies informatiques de base telles qu'Internet et les courriels – un tout nouveau monde vous attend !

Les jeux de réflexion sont des casse-têtes et des énigmes qui chatouillent vos neurones et qui vous aident à penser de manière plus créative. Il existe plusieurs sortes de jeux de réflexion, tels que les illusions d'optique, les jeux de mémoire, les problèmes logiques à déchiffrer. Certains sont interactifs et peuvent se faire à l'aide d'un ordinateur, alors que d'autres peuvent être amusants à faire seul ou bien à partager avec d'autres personnes. Vous pouvez trouver quelques exemples de jeux de réflexion sur le site Internet suivant : http://www.muscler-votre-cerveau.com. Amusez-vous !

Tout comme l'exercice physique vous aidera à garder un corps ferme et souple, vous mettre régulièrement au défi mentalement gardera votre esprit en bonne forme, vous protégeant potentiellement des maladies comme l'Alzheimer et également des pertes de mémoire à court et à long terme. Comme vous pouvez le voir, rester en forme mentalement est en effet un aspect essentiel d'un plan de gestion des soins personnels équilibré – et cela peut être amusant à mettre en pratique.

Soins spirituels

Ce quatrième aspect des soins holistiques vous aidera à identifier les valeurs et les croyances qui vous tiennent à cœur et également à comprendre plus en profondeur comment vous percevez votre raison d'être dans la vie. Les guides de soins spirituels vous aideront à découvrir votre plus profonde essence en tant qu'être humain, vous aidant à prendre soin de vous à tous les niveaux, et ce, de la meilleure façon possible.

Lorsque nous sommes en mesure de voir la vie comme étant un voyage spirituel, nos difficultés deviennent souvent plus faciles. Pour certaines personnes, le terme *spirituel* peut avoir une signification religieuse, alors que pour d'autres il peut plutôt avoir une connotation surnaturelle. En bref, une « croyance » est quelque chose qui a du sens pour vous; par conséquent, peu importe le sens que vous attribuez à un parcours spirituel, il sera le bon pour vous.

Votre famille d'origine vous a peut-être élevé dans une religion spécifique. Si votre choix a été de poursuivre la pratique de cette foi, vous pourriez trouver votre sens spirituel dans une église, un temple, une mosquée ou un autre centre religieux, en participant aux messes et aux cours quotidiens ou hebdomadaires. D'un autre côté, certaines personnes dont la famille pratiquait une certaine religion ont fait le choix de ne pas poursuivre dans ce même système de croyances. Si c'est votre cas, vous avez peut-être trouvé quelque chose qui a plus de sens pour vous dans votre vie.

Par exemple, il se peut que votre esprit prenne vie en étudiant la Loi de l'Attraction ou autre alternative aux religions organisées. Peut-être que le yoga vous donne la relaxation et la paix d'esprit que vous recherchez. Vous aimeriez peut-être participer à des cours de méditation avec d'autres personnes ayant les mêmes affinités ou bien il se peut que la méditation à la maison vous convienne davantage.

Plusieurs personnes trouvent également leur voie spirituelle dans la nature. Peut-être que de faire de longues et paisibles promenades ou bien de vous assoir près de l'eau pour écouter le fracas des vagues ou le gargouillement d'un ruisseau peut vous remplir d'émerveillement et de respect pour les beautés mystérieuses de ce monde. Peu importe ce qui vous fait prendre vie spirituellement, c'est ce que vous devez poursuivre, puisque c'est ce qui vous gardera enthousiaste et sur la bonne voie. Sans cela, la vie n'est simplement pas pareille.

Un dernier mot sur les soins spirituels : Afin d'être spirituellement sains, nous devons être en mesure d'accepter notre inévitable incertitude comme faisant partie de notre connaissance de nous-mêmes. En tant qu'être humain, il y a un grand nombre de choses que nous ne pouvons jamais savoir avec certitude et les questions de nature spirituelle figurent au haut de la liste. Plusieurs personnes essaient plutôt de trouver la certitude puisqu'elles croient qu'elles se sentiront d'une manière ou d'une autre plus en sécurité si elles peuvent expliquer l'inexplicable. Je préfère honorer mes doutes lorsqu'ils surviennent, sachant que le sentiment de doute fait partie de la condition humaine pour nous tous.

Au lieu d'essayer de comprendre l'incompréhensible, nous devons plutôt comprendre nos propres systèmes de croyances individuelles, nous rappelant qu'une croyance est simplement ce qui a du sens pour chacun d'entre nous. Malgré nos doutes, nous pouvons aspirer à vivre avec la foi que nous sommes déjà en « sécurité » spirituellement, peu importe ce qui arrive. On dit que la peur et la foi ne peuvent pas coexister. Je crois cela; cela a du sens pour moi. Donc, si en effet ils ne peuvent pas coexister, alors je dois choisir entre les deux. Bien que je me sente occasionnellement craintive et anxieuse, comme tout autre humain, mon choix est de vivre principalement dans la foi, faisant confiance aux croyances qui enrichissent ma vie et nourrissent mon esprit. Je vous invite à rechercher et à découvrir ce qui vous rend heureux spirituellement et de vivre votre vie selon ces croyances.

Pamela apprend à Jason comment la traiter

Pamela est une femme de cinquante-neuf ans qui se sent maintenant dans la fleur de l'âge.

Ce ne fut pas toujours le cas. Le fils de Pamela, Jason, est accro au crack depuis les sept dernières années. Avant

---

qu'il ne découvre le crack, Jason abusait de la marijuana et de l'alcool régulièrement. Il était également accro à la pornographie et aux jeux vidéo sur Internet. Jason ne travaillait pas et n'allait pas non plus à l'école, préférant passer ses journées à continuer de s'adonner à ses comportements de dépendance. Ayant dépassé le cap de la mi-trentaine, il vivait toujours avec sa mère, ne payant pas de loyer et ne contribuant pratiquement à rien pour le maintien de leur maison.

Peu importe la façon dont Pamela le suppliait, l'implorait et l'amadouait, Jason refusait catégoriquement de laisser tomber ses dépendances et il ne voulait pas non plus consulter un thérapeute qui pourrait l'aider. Ce modèle continua plusieurs années avec Pamela, une mère monoparentale, s'écroulant finalement sous le poids du stress impliqué dans le fait d'aimer un accro qui choisissait de rester en mauvaise santé.

En désespoir de cause, Pamela alla elle-même finalement consulter un thérapeute, soi-disant pour trouver comment elle pouvait aider Jason. Heureusement, le thérapeute qu'elle choisit avait de l'expérience en thérapie relative à la dépendance, travaillant avec les proches des accros et également avec les accros. Avec ses conseils, Pamela commença à voir que les méthodes qu'elle utilisait avec Jason l'avaient en fait entraînée à continuer ses multiples comportements dysfonctionnels. Elle arriva à la conclusion qu'elle devrait apporter plusieurs changements importants dans ses façons de gérer le fait d'avoir un fils dépendant. Le changement le plus important qu'elle apporta fut de commencer un programme de soins personnels holistique. En dépit de ce que Jason choisit pour sa propre vie, Pamela commença à profondément comprendre qu'elle avait le droit d'avoir une vie heureuse et gratifiante, elle se rendit compte qu'elle appréciait le processus de mettre tous ces morceaux en place.

Peut-être pour la première fois de sa vie, Pamela développa une relation attentionnée envers elle-même. Elle commença à manger de la nourriture plus nourrissante et à exercer son corps vieillissant et en surplus de poids. À mesure que des émotions difficiles faisaient surface au cours de sa thérapie, elle apprit comment les honorer sans se blâmer ou s'humilier. Au fil du temps, elle joignit un cours de méditation et commença à s'adonner au yoga plusieurs fois par semaine, rencontrant des personnes aux affinités similaires et formant de nouvelles amitiés.

En moins d'un an après avoir commencé sa propre thérapie, le poids de Pamela diminua et son corps changea tellement qu'elle eut besoin d'acheter une nouvelle garde-robe, à son grand plaisir. Sa vie sociale prospérait et elle rencontra un homme avec lequel elle développa une relation amoureuse. Tout cela était nouveau pour elle, ayant dévoué tant d'années à prendre soin des moindres besoins de Jason.

Ce à quoi Pamela ne s'attendait pas, par contre, fut la réaction immédiate et explosive qu'elle reçut de la part de Jason lorsqu'elle prit le contrôle de sa vie. Presque du jour au lendemain, du point de vue de Jason, Pamela commença à laisser son fils mener la vie telle qu'il la choisissait et elle arrêta de se plaindre ou de l'implorer de changer. Elle quittait la maison quotidiennement pour s'adonner à ses propres intérêts, ne magasinant et ne cuisinant plus pour lui et ne ramassant plus derrière lui.

Jason n'apprécia pas cette tournure des événements et devint furieux lorsqu'il réalisa que quelque chose d'assez important avait changé dans leur relation. Son comportement envers sa mère devint tout d'abord subtilement plus agressif, avec des commentaires désagréables et narquois dits à voix basse au sujet de ses amis et de ses activités. Mais avant longtemps, il lui criait après et lui lançait des injures, créant beaucoup de désagréments dans la maison qu'ils partageaient ensemble.

Grâce à ses sessions de thérapie et aux groupes de soutien auxquels elle participait, Pamela commença à comprendre que derrière la colère de Jason se trouvait un petit garçon blessé et apeuré. Il avait peur que sa maman cesse de subvenir à ses besoins et qu'il aurait à grandir et à prendre ses responsabilités. Avec l'aide de sa thérapeute, Pamela explora les choix qu'elle avait faits par le passé permettant aux dépendances de son fils de dominer leur vie et également les options concernant ce qu'elle pourrait faire si elle souhaitait maintenant changer cela. Graduellement, Pamela réalisa que de permettre à Jason de rester impuni lorsqu'il la traitait irrespectueusement n'aidait personne : ce choix facilitait son fils et la laissait se sentir mal dans sa peau.

Pamela comprit que si elle n'établissait pas de limites appropriées avec Jason, elle lui apprenait essentiellement que c'était correct pour lui de la maltraiter. « Si vous choisissez de continuer ce type de relation avec lui, quelle motivation a-t-il pour cesser son comportement agressif envers vous ? » lui demanda sa thérapeute.

Pamela dû admettre que c'était un bon point. Elle décida d'apprendre comment établir des limites saines et convaincantes avec son fils bien-aimé, mais perturbé. Sa résistance et ses agressions continues l'amenèrent bientôt à toucher son « fond » avec sa codépendance et elle informa Jason qu'il devrait quitter sa maison et trouver un nouvel endroit pour vivre. Bien que Jason fût stupéfait et qu'il essaya de tester les limites de sa mère à plusieurs reprises, il ne lui a pas fallu longtemps avant de partir, particulièrement après que Pamela le menaça d'appeler la police s'il ne partait pas.

Pamela et Jason ont par la suite vécu des moments difficiles ensemble. Toutefois, Pamela choisit de continuer son parcours vers le rétablissement; elle savait qu'elle devait arrêter ses réactions codépendantes aux comportements de dépendance de Jason. En regardant sa mère devenir généralement plus en santé, la force dont elle faisait preuve servit de modèle à Jason pour ce qu'il pouvait également accomplir. Après plusieurs années à vivre comme un accro, Jason décida finalement d'aller lui-même en thérapie. Il compléta avec succès une cure de désintoxication de trois mois et il est sobre et il n'a pas touché à la drogue depuis deux ans au moment d'écrire ces lignes. Il continue de gérer sa dépendance à Internet, mais il est en mesure de conserver un emploi et il planifie retourner sur les bancs d'école pour devenir électricien.

La relation mère-fils est maintenant beaucoup plus saine et appropriée. Ils se voient souvent, mais ils ont également leur propre vie avec chacun leurs amis et leurs activités. Pamela ne tolérera plus aucune sorte de comportement agressif de la part de Jason et, par conséquent, il est devenu moins colérique et hostile envers les autres.

Bien que l'histoire de Jason et Pamela ait une fin heureuse, il est essentiel de comprendre que même lorsque nous changeons nos vies pour le mieux, il n'y a aucune garantie que nos proches dépendants feront également le choix de suivre un style de vie plus sain. Nous devons faire ces changements principalement pour nous-mêmes, non pas pour personne d'autre. Si nous changeons notre comportement seulement pour motiver d'autres personnes à modifier les leurs, nous sommes encore en train d'essayer de les contrôler, ce qui, comme nous l'avons vu, ne fonctionne pas.

Puisque Pamela a décidé de consulter pour elle et d'apprendre comment pratiquer une gestion constante et globale des soins personnels, elle a non seulement changé sa propre vie, mais elle a également préparé le terrain pour son fils. Tout en continuant d'aimer son fils dépendant, elle fut finalement capable de voir que sa propre santé mentale était en jeu à cause de toutes ces années passées à essayer de changer quelqu'un d'autre qu'elle-même. Lorsqu'elle réalisa qu'elle était en fait accro au chaos que la dépendance de Jason causait dans leur vie, elle choisit de commencer à vivre sa vie d'une manière beaucoup plus bienveillante et respectueuse pour elle-même. La cerise sur le gâteau, pour Pamela, fût que son fils choisit finalement de faire la même chose pour lui-même.

11

TRUC DE SURVIE NO 9 :
RECONSTRUISEZ VOTRE VIE

« Ce que nous persistons à faire devient plus facile, non pas que
la nature
de la chose change, mais notre capacité de le faire grandit»
-Ralph Waldo Emerson

L'acceptation et la sérénité arrivent en premier

Vous, à titre de personne aimant un accro, connaissez les
impacts dévastateurs que peut avoir la dépendance sur les
familles et sur les autres relations importantes. Vous

comprenez immédiatement la frustration, la colère, la peur et la confusion qui accompagnent votre profonde et sincère inquiétude pour votre être cher bien-aimé. Vous vivez aussi inévitablement avec la honte et la culpabilité alors que vous vous demandez ce que vous avez bien pu faire de mal qui aurait pu, au départ, causer cette situation.

Avec un peu de chance, en lisant les chapitres précédents, vous avez commencé à comprendre que ces sentiments sont normaux dans cette situation – tout le monde qui passe par là ressent les mêmes choses dans une certaine mesure. Ce qui importe encore plus, j'ai espoir que vous le réalisiez, est qu'il n'y a rien que vous ayez pu faire pour créer la dépendance d'une autre personne. Se livrer à des comportements de dépendance est, sans exception, le choix de la personne qui agit de la sorte. Même si vos actions n'ont pas été totalement saines par le passé, ce n'est pas assez pour faire en sorte qu'une autre personne devienne dépendante à des choix de vie dysfonctionnels. Il y a, bien entendu, d'autres moyens de gérer les problèmes qui surviennent dans la vie et à l'intérieur de n'importe quelle relation sans avoir recours à des activités dangereuses et destructrices.

Également, en lisant ce livre, vous avez sans doute commencé à comprendre que vous êtes complètement impuissant à changer votre être aimé dépendant. Peu importe à quel point vous essayez de faire changer les choses, le changement ne se produira que lorsque les gens *voudront* transformer leur vie. Ce sentiment d'impuissance est possiblement l'aspect le plus difficile de tous à accepter pour les proches des accros. Cependant, une fois que vous pourrez réellement accepter, qu'en fin de compte, il n'y a rien que vous puissiez faire pour faire entendre la voix de la raison à votre ami ou à votre membre de la famille dépendant jusqu'à ce qu'il ou elle soit prêt, vous serez prêt à atteindre un sentiment de sérénité.

La plupart du temps, cette acceptation et cette sérénité précèdent toutes les deux la possibilité de reconstruire les vies qui ont été brisées par les affres d'un comportement de dépendance dévastateur, autant psychotrope que modifiant l'humeur. Une fois que les sentiments d'acceptation et de sérénité ont vu le jour, vous pouvez commencer à établir une vie plus saine pour vous. Cela ne signifiera pas que vous ne vous préoccupez plus de votre être cher dépendant. Cela signifie plutôt qu'au lieu d'épuiser vos réserves d'énergie à essayer de contrôler une autre personne, vous pouvez maintenant utiliser cette énergie de façons plus positives afin de reprendre le contrôle de votre propre vie.

Le besoin de reconstruire et le courage de changer

Une fois de plus, cela me rappelle un de mes dictons préférés : si rien ne change, rien ne change.

Cette simple affirmation exprime une profonde vérité : jusqu'au moment où nous changeons quelque chose, nos vies restent essentiellement les mêmes. C'est particulièrement vrai en ce qui concerne la transformation de quelque chose en nous-mêmes. Si nous regardons à nouveau la prière de la sérénité, nous nous rappellerons que la troisième ligne mentionne : « Le courage de changer les choses que nous pouvons » – et nous avons maintenant établi que la seule chose que nous pouvons réellement changer est nous-mêmes. Nous sommes tous courageux lorsque nous décidons de changer ce qui ne fonctionne pas dans nos vies.

J'aime bien utiliser l'analogie d'un bébé qui commence tout juste à apprendre à marcher. D'où il est assis par terre, il se met debout à l'aide de ses petits bras potelés et sous-développés. Alors qu'il regarde autour de lui avec cette nouvelle perspective, il décide que tout va bien et il entreprend son premier pas. Tout se passe pour le mieux, alors il décide de retirer ses mains de la table basse qu'il utilisait comme support.

Oups ! En une fraction de seconde, il se retrouve une fois de plus sur le plancher – et il a maintenant une décision à prendre. Restera-t-il là à pleurer, refusant à jamais de se relever ? Criera-t-il de frustration parce que les choses ne se sont pas tout à fait passées de la façon qu'il souhaitait à son premier essai ? Ou regardera-t-il autour de lui, peut-être même rira-t-il de lui-même lorsqu'il se sera habitué à ce qu'il vient tout juste de se passer, pour ensuite se relever et essayer à nouveau ?

Les choix de ce bébé sont comparables aux décisions que vous aurez à prendre, encore et encore, alors que vous développerez le courage de changer. Lorsque vous serez en mesure de regarder votre vie avec honnêteté, vous comprendrez que, si vous avez été dans une relation avec un accro pratiquant, vos stratégies d'adaptation ne vous ont probablement pas donné les résultats désirés concernant le changement de cette autre personne.

Si vous vous sentez prêt à vivre une vie d'un genre nouveau, vous aurez à faire des choix potentiellement difficiles. Mais rappelez-vous qu'afin de modifier n'importe quel type de comportement dysfonctionnel, vous devez premièrement être prêt à tremper dans votre propre inconfort sans essayer de vous traiter d'une autre manière. Une fois que vous aurez pris la décision d'essayer et d'essayer encore, tout comme un enfant acquérant de nouvelles compétences, vous vous sentirez mal à l'aise pendant un moment. Toutefois, la bonne nouvelle est que faire ces choix plus sains fera grimper en flèche votre respect de vous-même et vous serez en mesure de vous féliciter pour le courage dont vous faites preuve.

Cela ne serait-il pas mieux que de continuer à vivre ce que vous vivez présentement ?

Comment commencer ? Essayer quelques petits pas

Je peux entendre certains d'entre vous perplexes, « Oui, mais comment est-ce que je commence à reconstruire ma vie ? » Si vous vous posez cette question, vous êtes sur le bon chemin puisque vous avez accepté l'importance de le faire !

La meilleure façon de vous sortir de vos propres comportements de dépendance établis, tels que la facilitation et la servitude, est de vous concentrer sur votre propre gestion des soins personnels, un petit pas à la fois. Reconstruire votre vie vous apportera un plus grand sentiment de bonheur et d'accomplissement et c'est votre plus importante responsabilité. Le moment pour commencer cette transformation est à cet instant précis. Comme le dit le dicton : « Si ce n'est pas maintenant, alors quand ? »

Ce qu'il y a de merveilleux en ce qui concerne les petits pas, c'est qu'ils ne restent pas de premiers essais bien longtemps. En fait, en commençant lentement, vos petits efforts ouvrent en réalité les vannes pour tellement plus à venir dans votre vie. Et, au lieu de devenir submergé avec tout cela trop rapidement, les petits pas vous permettent de vous habituer à vos accomplissements de façon plus graduelle et vous aident à développer votre nouvelle image de vous-mêmes au fil du temps.

Afin de commencer le processus de reconstruction, regardons à nouveau le concept de la gestion holistique des soins personnels qui a été discuté en longueur dans le chapitre 10. Si vous vous sentez insatisfait dans l'un ou l'autre des quatre aspects que nous avons examinés – physique, émotionnel, intellectuel et spirituel – vous pouvez commencer à transformer votre vie en faisant de petits pas pour explorer les choses qui pourraient vous satisfaire.

Petits pas physiques

Qu'est-ce que cela signifierait pour vous d'être plus à l'aise dans votre corps ? Si votre niveau d'énergie est plutôt bas dernièrement, que pourriez-vous faire pour vous stimuler ? Une première étape pourrait être de faire une promenade de dix minutes à l'air frais une fois ou deux par semaine. Si vous appréciez la musique, essayez d'apporter votre iPod ou votre lecteur mp3 pour pouvoir écouter vos chansons préférées au volume que vous aimez. Si vous adorez la nature, vous pouvez plutôt vous concentrer sur les arbres, les oiseaux et les fleurs autour de vous. Pour ceux qui se sont déjà entraînés de façon régulière, mais qui ont négligé leur entraînement dernièrement, une petite étape pourrait être de retourner à la salle d'entraînement ou d'aller courir à l'extérieur quelques fois par semaine.

L'idée derrière les petits pas est de tout d'abord évaluer où vous en êtes actuellement avec vos soins personnels pour ensuite mettre votre barre personnelle juste un peu plus haute. Attendez un petit peu plus de vous-mêmes, mais pas plus que ce dont vous êtes en mesure de gérer. Soyez réaliste en ce qui a trait à vos attentes personnelles sinon vous pourriez bien vous conduire tout droit vers l'échec et il n'y a aucune raison de le faire. Rencontrez-vous où vous êtes et partez de là.

Par exemple, votre poids est peut-être devenu un problème et vous aimeriez faire quelque chose à ce sujet. Pensez à ce que pourrait être la première étape pour vous. Êtes-vous prêt pour un programme d'amaigrissement tel que Weight Watcher ou Jenny Craig ? Ou bien serait-il mieux pour vous à ce stade-ci de commencer par boire plus d'eau et moins de boissons gazeuses chaque jour ? Si vous vous servez de votre intuition et que vous écoutez votre voix intérieure, vous saurez fort probablement ce dont vous avez besoin de faire afin de commencer vos soins physiques.

Il serait sage de contacter votre médecin si vous avez des problèmes de sommeil ou si vous vivez de difficiles symptômes physiques. Bien que la pensée d'avoir un examen médical complet puisse, pour certaines personnes, être quelque peu intimidante, le faire pourrait vous donner la tranquillité d'esprit ou vous montrez ce que vous devez savoir afin d'améliorer votre santé. Vous avez peut-être négligé votre santé dentaire. Si c'est le cas, une première étape pourrait être d'appeler votre dentiste pour prendre rendez-vous pour ce dont vous avez besoin.

Si vous vous sentez presque prêt à arrêter de fumer ou si vous sentez que vous avez peut-être trop consommer d'alcool dernièrement, une première étape positive pourrait être d'utiliser Internet pour trouver des groupes de rencontre qui pourraient vous aider à réduire votre consommation ou à arrêter complètement. Une fois que vous aurez l'information, voyez si vous pouvez mettre votre barre personnelle un peu plus haute en assistant à une rencontre ou deux, en personne ou en ligne. On dit bien que le fait d'ignorer un problème ne le fait pas disparaître. Et rappelez-vous – si ce n'est pas maintenant, alors quand ?

Petits pas émotionnels

La gestion des soins émotionnels concerne l'étude de vos sentiments et l'apprentissage de la façon de les exprimer de manières plus appropriées. Prendre soin de vous émotionnellement signifie regarder à l'intérieur de vous afin de mieux comprendre les choix que vous avez faits ainsi que les réactions que vous avez eues face à certaines situations dans lesquelles vous vous êtes retrouvé. Une fois que vous aurez une meilleure compréhension à ce sujet, vous pourrez apprendre comment transformer l'énergie négative des émotions qui vous entraînait à rester sur le chemin de vos comportements dysfonctionnels vers une énergie plus positive qui vous aidera à atteindre vos buts.

Pour plusieurs personnes, s'occuper de leurs soins émotionnels peut sembler être une tâche intimidante. Afin de ne pas vous sentir submergé, vous devrez à nouveau identifier de petits pas par lesquels commencer. Une douce et efficace façon de commencer à faire le point sur votre vie émotionnelle est d'écrire une liste de gratitude chaque soir avant d'aller au lit. La beauté de la chose est que si vous savez que vous aurez à trouver chaque soir cinq à dix choses pour lesquelles vous êtes reconnaissant, vous commencerez en réalité à chercher ces choses tout au long de votre journée. Ce faisant, cela créera une énergie différente et plus positive pour vous, alors que vous vous concentrez moins sur ce qui ne fonctionne pas dans votre vie et plus sur ce qui va bien. Bien que les sujets sur vos listes de gratitude vont parfois se chevaucher, c'est une bonne idée d'essayer de les varier en cherchant de nouvelles choses pour lesquelles vous pourriez être reconnaissant. Essayez-le pendant une semaine et voyez si cela fonctionne pour vous – cela pourrait devenir une habitude que vous souhaiterez continuer.

Un autre outil que j'aime bien utiliser pour maintenir et augmenter ma conscience de moi-même est la tenue d'un journal intime. Écrire au sujet de mes pensées et de mes sentiments m'aide à me sentir plus « présente » avec moi-même. C'est comme si j'ouvrais ma tête et laissais les idées, les émotions, les théories et les opinions tomber sur la page où je peux vraiment les voir et leur trouver un certain sens. Je suggère souvent à mes clients de tenir un journal sur ce qui se passe lors de nos séances, puisqu'il leur fournit un outil utile afin d'être en mesure de regarder en arrière sur leur propre développement lors de notre temps ensemble. Si vous décidez également de tenir un journal intime, vous pouvez utiliser votre ordinateur ou bien un livre de votre choix. (Plusieurs librairies ont une grande sélection de jolis journaux intimes parmi lesquels choisir.) Dans tous les cas, il se peut que vous trouviez que la tenue d'un journal vous aide à augmenter votre propre conscience émotionnelle en complément à la réflexion ou aux conversations que vous faites déjà.

Au fur et à mesure que votre conscience émotionnelle personnelle se développe, vous vous sentirez plus énergique, plus vivant et moins engourdi. Comme nous l'avons déjà discuté au chapitre 10, il est également essentiel d'inclure des activités amusantes dans la gestion de vos soins émotionnels et votre nouvelle vigueur vous donnera les moyens de les apprécier encore plus. Une autre première étape dans ce domaine pourrait être de faire une liste sur certaines choses que vous aimez faire, créant un équilibre entre vos intérêts sociaux et vos passe-temps plus solitaires. Un tel équilibre est important puisqu'il y aura des moments où vos amis ou votre partenaire seront disponibles et d'autres fois où vous préférez rester seul. Par exemple, vous aimez peut-être aller voir des films au cinéma et il serait probablement plus amusant de faire cette activité avec un ami ou un proche. Si vous aimez chanter, vous pourriez aimer faire partie d'une chorale; dans ce cas, vous pourriez vous renseigner sur les types de chorale dans votre quartier. À d'autres moments, lire, jouer du piano ou encore cuisiner un repas gastronomique pourrait vous tenter, lesquelles sont toutes des activités plutôt solitaires. Avoir une combinaison d'activités à faire seul et avec d'autres personnes contribuera à avoir une vie saine et bien équilibrée.

Lorsque vous commencerez à reconstruire vos soins émotionnels, vous souhaiterez peut-être trouver un thérapeute ou un coach de vie pour vous aider. Un conseiller/thérapeute vous aidera à comprendre les sentiments que vous ressentez en changeant votre « ancienne » vie pour votre nouvelle vie. Il ou elle pourra suggérer des façons additionnelles de gérer les émotions difficiles ou douloureuses qui peuvent vous entraîner à rester sur le chemin de vos comportements dysfonctionnels. Un coach de vie vous fournira de nouvelles approches concernant les aspects pratiques de la reconstruction de votre vie. La différence entre ces deux rôles est que le thérapeute ou le conseiller peut parfois également agir comme un coach de vie, vous guidant avec des suggestions contemporaines et innovantes, alors qu'un coach de vie peut souvent ne pas être qualifié pour vous aider avec les troubles émotionnels plus profonds que vous puissiez vivre à ce stade.

Petits pas intellectuels

Vos petits pas intellectuels concerneront le maintien de la force et de la ténacité de votre cerveau. Au chapitre 10, nous avons discuté de plusieurs méthodes pour ce faire et pour vous assurer que vos activités intellectuelles sont intéressantes, communales, amusantes à faire et à jour avec la plus récente technologie. Pour en revenir à la liste de vos activités préférées, laquelle parmi celles-ci pourrait être la plus stimulante pour votre cerveau ? Il est parfois bon de « sortir de votre zone de confort » mentalement et de faire des choses qui représentent un défi. Par exemple, si vous appréciez les films, vous pourriez louer un film étranger qui vous demandera de lire les sous-titres tout en regardant le déroulement de l'histoire à l'écran. Lire un roman policier ou bien écouter des séries policières à la télévision peut également être stimulant intellectuellement, particulièrement si vous avez tendance à essayer de résoudre l'énigme avant la fin de l'histoire.

Si vous aimez jouer aux cartes ou aux jeux de société avec d'autres personnes, vous souhaiterez peut-être vous renseigner auprès du centre communautaire local pour connaître ce qui est offert en ce qui concerne les cours de bridge ou les parties régulières de scrabble. Vous aspirez peut-être à apprendre une nouvelle langue en complément à la planification d'un voyage à l'étranger bien mérité. Si vous sentez que vous avez besoin de faire un plus petit pas avant de réellement participer à un cours, vous pourriez vous rendre à la bibliothèque de votre quartier ou à la librairie afin d'aller chercher un guide pratique sur cette langue. Une fois que vous aurez décidé que vous souhaitez réellement en continuer l'apprentissage, vous pourrez vous inscrire à ce cours.

L'apprentissage d'une nouvelle technologie est une autre façon d'exercer les muscles de votre cerveau. Si vous maîtrisez déjà les fonctions de base d'un ordinateur, telles que les courriels ou la navigation sur Internet, vous pourriez peut-être apprendre à prendre des photos avec votre téléphone et ensuite à les télécharger sur votre ordinateur. Vous serez alors en mesure de les envoyer par courriel à votre famille et à vos amis qui vivent loin, créant ainsi une façon amusante de rester en contact. Vous pourriez même découvrir que vous aimez la photographie et déciderez de poursuivre cet intérêt. Comme plusieurs autres premières étapes, celle-ci pourrait mener à des cours dans lesquels vous rencontreriez des personnes ayant les mêmes intérêts et vous apprécierez peut-être apprendre à les connaître. Toutes ces activités serviront de composantes afin de remodeler votre vie.

Petits pas spirituels

Les petits pas spirituels vous aideront à aligner vos croyances profondément ancrées avec la vie que vous vivez. Ils vous aideront également à commencer à découvrir ce que ces croyances et ces valeurs sont, si vous avez des questions ou des doutes à leur sujet.

Comme vous l'avez vu au chapitre 10, le terme spirituel peut signifier différentes choses pour différentes personnes. Ce terme peut avoir une signification religieuse pour vous ou il peut s'associer à des activités comme la méditation, le yoga ou le temps passé dans la nature. La façon dont vous vous identifiez spirituellement déterminera vos premières étapes pour la reconstruction de cette partie de votre vie.

Si une religion organisée plus officielle est quelque chose que vous aimeriez avoir dans votre vie, mais que vous l'avez négligée depuis un moment, renouer avec la confession de votre choix sera important. Une première étape pourrait être d'entrer en contact avec un ami que vous avez connu à l'église ou au temple et de renouer avec ce dernier, ou vous pourriez simplement vouloir assister à une messe avec des personnes que vous connaissez déjà. Si vous n'êtes pas certain quelle église ou quel temple vous conviendrait, vous pourriez peut-être en appeler certains pour poser des questions afin d'évaluer lequel pourrait être compatible.

De nos jours, vous avez beaucoup plus de choix spirituels alternatifs. Vous pouvez choisir des Églises telles qu'Unité et Célébration de la vie, lesquelles offrent des messes et des cours qui discutent des idées comme le Pouvoir du moment présent et la Loi de l'attraction. Si vous vous sentez plus en harmonie avec ces concepts spirituels et vous aimeriez faire partie d'une communauté, vous pourriez chercher en ligne pour voir si quelque chose de semblable est offert dans votre région. Certains sites Internet fournissent également des salles de bavardages en ligne et des séances d'échanges. Pourquoi ne pas voir ce que vous pourriez trouver ?

Faire partie d'une communauté spirituelle n'est pas important pour tout le monde. La nature est peut-être quelque chose dont vous tirez grand plaisir. Dans ce cas, faire de longues promenades dans les bois ou près de l'eau pourrait être tout ce dont vous avez besoin pour être capable de libérer votre esprit et de trouver quelques réponses à vos questions de vie les plus complexes. Lors de la reconstruction de votre vie spirituelle, il est important d'apprendre comment nourrir votre âme et vous donner ce dont vous avez besoin à ce niveau.

Les petits pas de Belle

Belle et Liza sont sœurs. Avec seulement deux ans d'écart, elles étaient proches étant enfants, particulièrement puisque leur mère monoparentale les laissait seules pendant qu'elle travaillait. Ces dernières années, toutefois, elles ont des problèmes dans leur relation en conséquence de la dépendance aux jeux d'argent de Liza.

Liza commença à jouer au bingo lorsqu'elle était adolescente, accompagnant hebdomadairement sa mère à la salle de bingo. Lorsqu'elle y était, elle regardait pendant que l'humeur de sa mère changeait selon si elle gagnait de l'argent. Si maman gagnait ce soir-là, les choses seraient merveilleuses : elle serait gentille et accommodante, achetant des cadeaux pour Liza et sa sœur. Mais si maman perdait, les choses seraient effrayantes pour Liza alors que sa mère ragerait et deviendrait verbalement violente envers elle. Bien qu'elle n'aimait pas ces comportements chez sa mère, elle se retrouvait à les tolérer parce que les « hauts » en valaient la peine.

Au fil des ans, Liza continua ses jeux d'argent, passant du bingo aux machines à sous, aux courses de chevaux pour finalement en arriver au blackjack, tant en ligne qu'aux divers casinos de sa ville. Lorsqu'elle se maria et eut ses propres enfants, elle se retrouva à passer ses humeurs changeantes sur sa famille, tout comme sa mère l'a fait avec elle. Liza n'aimait pas le fait qu'elle répétait les comportements dysfonctionnels de sa mère, mais elle se sentait impuissante à les arrêter. Ses jeux d'argent ainsi que les réactions en résultant lui semblaient hors de son contrôle.

En ce qui a trait à la personnalité et au tempérament, Belle était différente de sa grande sœur. Pendant que Liza gaspillait son temps et son argent en jouant, Belle poursuivait son éducation pour finalement obtenir son diplôme en travail social avec une spécialisation en protection de l'enfance. Dans sa vie professionnelle, elle avait besoin d'établir plusieurs limites fermes et de prendre de nombreuses décisions difficiles concernant le retrait d'enfants de parents violents ou négligents, et elle avait peu de difficulté à le faire. Dans sa vie personnelle, par contre, les choses étaient assez différentes.

À titre de travailleuse sociale accréditée avec une connaissance en comportements de dépendance, Belle essaya pendant plusieurs années de faire arrêter les jeux d'argent de sa mère et de sa grande sœur bien-aimée. D'une certaine manière, elle réalisa qu'elle n'avait aucun pouvoir sur elles, mais elle ne voulait pas le croire. Elle ne cessait de se répéter : « J'ai de l'expérience professionnelle à ce sujet. Si seulement je pouvais trouver les bons mots à leur dire, si je pouvais seulement être la meilleure fille et sœur possible, elles cesseraient de jouer.» Mais au fil des années, quel que soit l'effort, elle n'avait aucun succès avec sa stratégie.

Ajoutant à sa détresse et sa honte, Belle se retrouva à leur prêter de l'argent régulièrement afin de couvrir leurs dettes de jeu. Elle aimait énormément les membres de sa famille et ne souhaitait les blesser d'aucune façon. Il ne lui semblait pas important que sa propre vie en souffre. Belle avait l'impression qu'il était quasiment impossible pour elle de dire non à sa mère et à sa sœur. Les comportements destructeurs de leurs jeux d'argent et sa facilitation continuèrent pendant plusieurs années, contribuant ainsi à faire diminuer les comptes bancaires de chacune d'elles.

Avec le temps, la santé physique de Belle s'aggrava, un résultat direct des fardeaux émotionnels et mentaux qu'elle portait. Elle prit beaucoup de poids et commença à avoir de graves maux de tête et de vives douleurs abdominales. Elle devint dépressive et léthargique, luttant avec des douleurs chroniques quotidiennes. Même si sa mère et sa sœur pouvaient voir qu'elle n'allait pas bien, elles continuèrent leurs comportements de dépendance aux jeux d'argent, s'attendant que Belle les tire d'affaire. Et, pour sa part, elle continua d'essayer de les « aider ».

Un jour, une collègue de travail mentionna à Belle qu'elle n'avait pas l'air de bien aller et lui demanda si tout se portait bien. Répondant à la gentillesse de son amie tout comme une fleur répond à son arrosage, Belle commença à sangloter, parlant à cette femme de sa mère et de sa sœur. Elle expliqua la culpabilité qu'elle ressentait du fait qu'elle ne pouvait pas faire plus afin de les aider. Elle parla également de la honte concernant son impuissance à leur faire cesser leurs jeux d'argent. Heureusement, la collègue de Belle fut en mesure de lui expliquer la réalité en ce qui concerne ce qu'elle pouvait et ce qu'elle ne pouvait pas contrôler. Elle suggéra avec compassion que Belle devrait peut-être consulter un thérapeute qui travaille avec les familles des personnes vivant avec des comportements de dépendance.

Belle ne voulait pas penser à sa mère et à sa sœur en terme « d'accros », alors il lui fallut un certain temps avant d'appeler le thérapeute que son amie lui suggéra. Mais puisque rien ne changeait, leur situation dysfonctionnelle continua et, en réalité, empira. Peu de temps après avoir parlé avec sa collègue, Belle fût transportée d'urgence à l'hôpital pour de graves douleurs abdominales. Après une batterie de tests, il fût déterminé qu'elle souffrait d'un ulcère perforé et qu'elle avait besoin d'une intervention chirurgicale immédiate. Sa mère et sa sœur vinrent toutes deux la voir la première journée qu'elle fut admise à l'hôpital, exprimant leurs inquiétudes et leur tristesse face à sa situation. Toutefois, bien que Belle fût hospitalisée pendant près de deux semaines, elles ne revinrent pas la visiter. Elles l'appelèrent occasionnellement, mais elles étaient tellement occupées au casino qu'elles n'avaient pas le temps pour ses problèmes.

Cela servit de prise de conscience pour Belle. Elle réalisa durant son long séjour à l'hôpital qu'elle devait faire des changements dans sa vie.

De retour à la maison après l'intervention chirurgicale, le premier petit pas de Belle fut de trouver la carte professionnelle du thérapeute spécialisé en dépendance dont son ami lui avait parlé. Elle commença rapidement à aller régulièrement à des séances. Alors qu'elle apprenait au sujet de son impuissance sur quiconque d'autre qu'elle-même, elle devint prête à délaisser son propre comportement de dépendance qu'est la facilitation. Elle trouva en réalité libérateur de réaliser que sauver sa famille n'avait, en fait, aidé personne, y compris elle-même.

Peu à peu, Belle commença à se reconstruire. Elle put voir que sa vie était devenue petite et restreinte, et elle explora de nouvelles façons de raviver son énergie et son enthousiasme. Sa liste de choses qu'elle aimait faire, bien que maigre au départ, devint plus considérable avec le temps. Elle identifia ses petits pas et commença à apprécier les faire. Actuellement, elle est inscrite à deux cours d'éducation permanente qui nourrissent son esprit et réveillent l'enthousiasme qu'elle croyait disparu pour toujours.

Liza et sa mère continuèrent à jouer régulièrement et sont souvent inquiètes au sujet de leurs finances, mais elles respectent les limites fermes de Belle en ne lui demandant plus d'argent. En tant qu'accros pratiquants égocentriques, elles ne sont que minimalement conscientes des changements que Belle entreprend et elles ne sont, à ce jour, pas prêtes à faire la même chose dans leur vie. Belle reste optimiste que si elle peut « être le changement » qu'elle souhaite voir, elle sera éventuellement témoin de changements positifs que sa mère et sa sœur feront également. Pour le moment, par contre, elle s'est engagée dans le processus de reconstruction de sa propre vie pour devenir plus heureuse et en meilleure santé, une journée à la fois.

La reconstruction est un processus continu

À présent, vous commencez certainement à comprendre la valeur des petits pas lorsqu'il s'agit de la reconstruction de votre vie. Ces premières étapes correspondent généralement à la pensée de quelque chose d'une nouvelle façon et à l'exploration de ce que vous pourriez essayer comme nouvelles activités. Le point le plus important au sujet des petits pas est qu'afin de les utiliser le plus efficacement possible, vous devez vous rencontrer où vous êtes à cet instant et ne pas vous réprimander, car vous n'êtes pas plus avancé. Lorsque vous pouvez saluer ce qui en est au lieu de ce que vous désiriez qui se produise, vous aurez de meilleures chances de pouvoir créer la vie que vous souhaitez.

Il se pourrait que, pendant un certain temps, il y ait eu certaines activités auxquelles vous souhaitiez participer et que vous vous sentez maintenant prêt à faire le plongeon. Dans ce cas, les petits pas peuvent ne pas être nécessaires. Faites confiance à votre guide intérieur et écoutez la voix à l'intérieur de vous qui vous dit ce que vous devez faire. Mais, si vous êtes comme plusieurs personnes qui ont vécu des années de lutte en conséquence de leur amour pour un accro et que vous êtes seulement au commencement de la remise en place des fragments de votre vie, il se peut que vous sentiez que d'avancer plus lentement vous convient mieux.

Peu importe la vitesse que vous choisissez, essayez de ne pas être trop pressé au sujet des choses à changer dans votre vie. Si vous avez été pris dans certains comportements dysfonctionnels depuis un certain temps, il est possible que vous ayez besoin de plus de temps pour vous en sortir. Il est important de se rappeler que la reconstruction est un processus qui ne survient du jour au lendemain pour personne. Nous sommes tous un « travail en cours », du moment de notre naissance jusqu'au moment de notre mort – nous ne sommes jamais réellement « achevés ». Lorsque vous pouvez apprendre à apprécier le voyage, sans avoir trop d'attachement pour la destination, votre vie deviendra finalement plus riche, plus remplie et plus significative. Rappelez-vous que la reconstruction de votre vie peut être amusante si vous êtes capable d'être gentil et patient avec vous-mêmes et que vous prenez plaisir dans vos petits et grands accomplissements.

12

TRUC DE SURVIE NO 10 : N'ATTENDEZ PAS QUE LA SITUATION SOIT RÉELLEMENT MAUVAISE – ALLEZ CHERCHER DE L'AIDE MAINTENANT !

« Si rien ne changeait jamais, il n'y aurait pas de papillons. »
-Anonyme

Lorsque des personnes aimant des accros de toutes sortes vont finalement chercher de l'aide, elles ont

---

généralement eu à vivre des situations difficiles et douloureuses depuis un bon moment déjà. Si vous attendez de voir si les choses vont s'améliorer sans aucune aide extérieure, je vous prie d'envisager de chercher de l'aide *maintenant*, avant qu'elles ne s'empirent.

Si cette situation ne fait que commencer pour vous, il est mieux d'avoir un certain soutien dès que possible afin que vous ne commettiez pas d'erreurs qui pourraient contribuer à des conditions bien pires. Le plus tôt vous irez chercher de l'aide, le mieux ce sera pour toutes les personnes concernées.

La dépendance dans toutes ces formes ne crée rien de moins que de la dévastation dans les relations, les finances, la santé et dans plusieurs autres situations. Les accros pratiquants vivent de terribles circonstances de vie, la pire étant le terrible dégoût de soi qu'ils ressentent. À un certain niveau, ils sont conscients de ce qu'ils se font subir à eux-mêmes ainsi qu'aux gens autour d'eux et cette connaissance contribue grandement à leur manque de respect de soi. Un cercle vicieux est alors créé, plus ce qu'ils font empoisonne leur respect d'eux-mêmes, plus ils se livrent à leurs comportements de dépendance, et plus ils se livrent à leurs comportements de dépendance, moins ils ont de respect pour eux-mêmes.

Avoir de la compassion et de l'empathie pour vos êtres chers n'est pas malsain. Ils vivent réellement des moments pénibles. Ce qui est crucial de se rappeler est qu'ils n'ont pas à continuer à vivre leur vie de la sorte. Tous les accros ont un choix – ils peuvent continuer à se cacher ou ils peuvent aller chercher de l'aide et s'en remettre. La même chose est également vraie pour vous. En tant que personne aimant un accro, votre choix sera d'aller chercher du soutien maintenant ou bien d'attendre que la situation empire.

À quel point désagréable est « réellement désagréable » ?

Les programmes des 12 étapes ont une expression afin de déterminer à quel point les choses doivent devenir pénibles avant que la décision de changer soit prise : c'est *toucher le fond*. Il y a plusieurs différents niveaux de fonds. Un *haut fond* survient lorsque les accros sont encore capables de maintenir leurs responsabilités tout en continuant de s'adonner à leurs comportements dysfonctionnels. Ces gens sont capables d'aller travailler ou d'aller à l'école chaque jour et ils n'ont pas perdu la capacité de prendre soin d'eux-mêmes ou de participer dans leurs relations interpersonnelles. Même s'ils pouvaient probablement continuer leur dépendance un peu plus longtemps, ils sont devenus prêts à arrêter leurs comportements potentiellement néfastes avant que leur vie ne devienne complètement incontrôlable.

Un *bas fond* est atteint lorsque les accros perdent beaucoup de choses dans leur vie, tels que leurs emplois, leurs maisons, leur santé, et leurs relations avec les membres de leur famille, les rendant assez désespérés pour faire des choix plus sains. Il y a plusieurs points dans le continuum entre le haut et le bas fond, mais puisque les situations et les personnalités de chaque personne sont différentes, il n'y a rien qui garantit où se trouvera le fond pour votre proche. Il incombe à chaque personne de savoir lorsqu'elle en a eu assez de la dévastation que peut amener la dépendance, puisque cela ne peut vraisemblablement pas être déterminé par personne d'autre que les accros eux-mêmes.

Les amis et les membres de la famille des accros touchent également des fonds qui leur sont propres. Celui auquel vous arriverez sera similaire à celui de l'accro, bien qu'il y ait quelques différences. Le vôtre commencera par la réalisation que, en n'ayant pas de limites assez solides, vous avez facilité vos proches à continuer leur chemin vers la destruction. Vous reconnaîtrez qu'aucune quantité de câlins, de permissions, de persuasion, de punitions n'a apporté le changement que vous désirez voir en eux et, ce qui importe davantage, vous en viendrez à comprendre que votre respect de vous-mêmes a souffert en cours de route. Alors que vous réaliserez que la situation ne s'améliore pas peu importe ce que vous essayez, vous deviendrez probablement frustré, fâché, tant avec vous-mêmes qu'avec l'accro. Vous pourriez également vous retrouver à être déprimé et à ressentir des sentiments de culpabilité, de honte et de désespoir. Je vous prie de comprendre que peu importe ce que vous vivez, vos sentiments sont normaux dans de telles circonstances. La conscience de soi est la clé : dès que vous percevez que vous êtes en difficulté émotionnellement en conséquence de cette situation, une vie meilleure peut être vôtre.

C'est votre choix, point à la ligne – vous pouvez soit continuer de participer dans la dysfonction un peu plus longtemps, créant ainsi un fond encore plus bas pour vous-mêmes et faciliter votre être aimé à continuer ses comportements dangereux, ou soit choisir de sortir de votre fantasme que les choses vont un jour magiquement s'améliorer et comprendre que vous devez passer à l'action afin d'améliorer l'état des choses. Vous trouvez de l'aide sera une première étape critique dans le choix d'un parcours plus sain.

Vos différentes options

Bien que le nombre d'amis et de membres de la famille affectés par les comportements de dépendance ait considérablement augmenté ces dernières années, le triste fait demeure que de trouver de l'aide pour vous-même n'est possiblement pas aussi facile que de trouver de l'aide pour votre être cher dépendant.

Plusieurs options existent pour les personnes qui luttent contre la dépendance, particulièrement pour celles avec des dépendances psychotropes telles que l'abus d'alcool et de drogues. Dans la plupart des grandes et moins grandes villes d'aujourd'hui, ces accros ont le choix entre les thérapies en consultation externe, les centres de désintoxication, les programmes de traitement en institution, les centres de réadaptation et, bien sûr, les divers programmes des 12 étapes et les autres groupes de soutien traitant de plusieurs types de comportements de dépendance différents. Puisque ce problème est devenu aussi grave et courant au cours des dernières années, le domaine de la réhabilitation de la dépendance a parcouru beaucoup de chemin en offrant une multitude de traitements alternatifs pour ceux pris dans la spirale de ces comportements néfastes.

En fait, les groupes de soutien sont même également disponibles pour plusieurs dépendances modifiant l'humeur. Pour ne citer que quelques exemples, on retrouve les joueurs anonymes, les outremangeurs anonymes, les codépendants anonymes et les débiteurs anonymes. Pour plus d'information au sujet de l'un ou l'autre de ces groupes ou encore pour vérifier s'ils existent dans votre région, vous pouvez faire des recherches en ligne.

Toutefois, beaucoup moins d'options sont disponibles pour vous, l'être cher d'un accro. Par conséquent, plusieurs personnes ayant des accros dans leur vie choisissent le chemin du développement personnel. Ce chemin implique la lecture de livres comme celui-ci, le visionnement de vidéos sur le même sujet et l'écoute d'enregistrements sonores pertinents enseignant des façons de mettre en œuvre des changements de mode de vie appropriés et nécessaires afin d'améliorer la saine et holistique gestion des soins personnels. D'autres composantes du développement personnel peuvent inclure de recevoir l'aide d'un thérapeute ayant de l'expérience de travail avec les familles et les proches d'accros ou bien de participer à des groupes de soutien, tels ceux mentionnés ci-dessous, qui sont destinés aux personnes dans votre situation.

Une des possibilités est de participer à des rencontres d'un groupe utilisant le programme des 12 étapes comme Al-Anon, Nar-Anon et Gam-Anon. Vous pouvez également trouver du soutien pour vos enfants dans les groupes Alatot et Alateen. Le format de ces groupes est similaire à celui des alcooliques anonymes et suit les mêmes 12 étapes que les autres programmes « anonymes ». La plupart d'entre eux ont des rencontres auxquelles vous et votre famille pouvez assister en personne et d'autres auxquelles vous pouvez accéder en ligne. Pour plus d'information sur ces groupes, visitez la page suivante : http://al-anon.org/accueil

Si vous avez également grandi dans un foyer avec des problèmes d'alcool et d'abus de drogues et que vous êtes l'enfant-adulte d'un accro, d'un alcoolique ou d'un autre parent dysfonctionnel, il se peut que vous ayez été affecté de plusieurs façons que vous connaissez et d'autres que vous ne connaissez peut-être pas. Afin d'être en mesure de parler avec d'autres personnes comme vous qui comprendront les sortes de cicatrices émotionnelles que ce type d'enfance peut causer, vous pourriez consulter le programme des 12 étapes du groupe Enfant-Adulte de famille dysfonctionnelle ou alcoolique (E.A.D.A). Pour plus d'information ou pour trouver un groupe dans votre région, visitez la page suivante : http://eadaqcca.blogspot.ca/

Les 16 étapes pour la découverte de soi et l'émancipation sont une autre option pour les proches d'accros désirant gérer leurs propres besoins personnels. Cet ensemble d'étapes a été développé par Charlotte Kasl, Ph.D. Elle-même accro en voie de rétablissement, elle découvrit qu'elle avait des problèmes avec certains concepts dans les 12 étapes et aussi avec les programmes qui les utilisent. Le modèle des 16 étapes peut être mis en œuvre avec succès autant par les personnes désirant le rétablissement de comportements de dépendance que par ceux qui les aiment, puisqu'il est basé sur les principes spirituels clés pour être simplement humain. Pour lire les 16 étapes et pour trouver un groupe auquel vous pouvez participer, visitez le site suivant (disponible en anglais seulement) : http://www.charlottekasl.com

La communauté professionnelle du rétablissement de la dépendance commence maintenant à comprendre les répercussions dévastatrices que peuvent créer les comportements de dépendance de toute sorte dans les relations significatives. Par conséquent, plusieurs centres offrant le traitement de la dépendance en institution ont commencé à offrir des programmes de rétablissement plus court pour les familles et les proches des accros qui participent à leur programme dans leurs établissements. Ces programmes couvrent généralement des sujets tels que l'éducation sur la dépendance, les effets de la codépendance, la différence entre aider et faciliter et l'établissement de limites appropriées et convaincantes. Certains centres de réadaptation offriront ces programmes aux personnes touchées par la dépendance même si leurs proches ne sont pas présents dans leurs établissements. La meilleure façon de trouver plus d'information à ce sujet est de chercher en ligne des centres offrant le traitement de la dépendance en institution de votre région et de regarder ce qu'ils incluent dans leurs programmes.

Un autre choix qui devient de plus en plus populaire est de participer à des thérapies en consultation externe avec un thérapeute spécialisé en traitement de la dépendance qui a de l'expérience de travail avec les amis et les familles des accros. Il est important que vous passiez au crible les conseillers et les thérapeutes afin d'évaluer leur niveau d'expertise dans le domaine de la thérapie familiale. (Voir la section ci-dessous pour quelques recommandations afin de choisir un thérapeute efficace.) Certains vont offrir une consultation téléphonique de quinze minutes gratuitement où vous pourrez discuter de votre situation et poser les questions que vous avez au sujet de la façon dont ils pourraient travailler avec vous et votre famille et voir si leur approche est compatible avec vous. Pour trouver un thérapeute dans votre région ou pour en trouver un qui pourrait offrir des consultations téléphoniques pour vous, vous pourriez commencer par taper « thérapeute en dépendance [votre région] » dans un moteur de recherche. De nos jours, la plupart des thérapeutes ont un site Internet où vous pouvez vous faire une idée de qui ils sont, de comment ils travaillent et de ce qu'ils exigent pour leurs services.

Choisir un thérapeute adapté

C'est un fait que ce n'est pas tous les conseillers et les thérapeutes (j'utilise ces termes de façon interchangeable) qui sont créés égaux. Même si des études supérieures sont nécessaires à l'obtention d'une maîtrise ou d'un doctorat, ce n'est pas tous les thérapeutes qui continuent de se renseigner sur les nouvelles formes d'enseignement lorsqu'ils sont diplômés. Par conséquent, certains peuvent rester pris dans des méthodes de travail dépassées avec leurs clients.

Ce qui importe encore plus, certains thérapeutes choisissent de ne pas faire leur propre travail intérieur de façon continue. Ces professionnels peuvent ne pas recevoir la supervision adéquate et ils ne sont généralement pas prêts à voir un thérapeute dans le rôle du client lorsque des problèmes personnels surviennent dans leur propre vie. Je considère que ce type de « guérisseurs » peut accidentellement causer des dommages à leurs clients puisqu'ils leur demandent de revisiter de profondes émotions qu'ils n'ont eux-mêmes pas expérimentées.

Puisqu'ils sont incapables de bien comprendre la souffrance et le traumatisme que leurs clients ressentent ou encore le courage qu'il leur faut pour les atteindre et pour partager leur douleur, le niveau d'empathie du thérapeute peut être négativement affecté. Cela crée une situation négative pour toutes les personnes impliquées.

Je crois de tout cœur à l'idée du « magasinage de thérapeutes ». Il est tout à fait normal pour vous d'interviewer des thérapeutes potentiels au même moment qu'ils vous interviewent comme client potentiel. La thérapie, de par sa nature, concerne l'exploration de la conscience intérieure d'une personne et la gestion des problèmes dans la vie de cette personne. Le travail impliqué peut parfois entrer dans des endroits fragiles et émotionnellement douloureux qui n'ont peut-être pas été abordés auparavant. Donc, il est important de ressentir un alignement ou une *compatibilité* avec la personne qui fera ce travail de la plus grande importance avec vous. Si vous vous sentez mal à l'aise d'une quelconque façon en parlant avec un thérapeute, il se peut qu'il ou elle ne soit pas la bonne personne pour vous.

Certaines personnes préfèrent être recommandées à un thérapeute par leur médecin, leur avocat ou autres professionnels aidants, alors que d'autres font une recherche Internet et choisissent une personne après avoir examiné quelques sites Internet. Si un ami ou un collègue vous recommande son propre thérapeute, c'est une bonne idée de déterminer si vous souhaitez voir la même personne. Si la confidentialité absolue est de la plus haute importance pour vous, il serait probablement mieux pour vous de voir une personne différente.

Bien qu'il soit préférable pour vous de connaître les qualifications d'un conseiller potentiel et les différentes sortes de techniques thérapeutiques qu'il utilise, il sera tout aussi important de faire confiance à votre instinct au sujet des thérapeutes que vous interviewez. Si vous êtes comme la plupart des gens, la *relation* initiale que vivez avec le conseiller avec lequel vous discutez sera plus significative que ses procédures thérapeutiques particulières.

La citation suivante décrit l'aspect positif de la relation thérapeute-client :

« Construire une alliance de confiance avec le thérapeute entraîne le remodelage d'expériences émotionnelles significatives et construit la confiance et la santé nécessaires pour des relations nouvelles et durables. Cela apporte une présence « en tant que personne », pas seulement la technique. »

-Gary Hellman

Quelques questions à poser

Afin d'accéder à votre intuition au sujet des thérapeutes parmi lesquels vous choisirez, voici certaines questions que vous pouvez vous poser à la suite de votre premier contact avec eux :

- M'ont-ils rappelé dans un délai raisonnable ?

- Est-ce que je me suis senti à l'aise lors de la première conversation ?

- Est-ce que je sens que j'ai reçu une acceptation sans jugement de leur part ?

- Est-ce qu'ils ont répondu à mes questions candidement, sans attitude défensive ?

- Comment me suis-je senti lorsque j'ai vu leur photo sur leur site Internet ?

- Est-ce que leur site Internet est accueillant et convivial, abordant mes préoccupations et mes problèmes ?

- Puis-je m'imaginer partager les aspects difficiles et peut-être embarrassants de ma vie avec eux ?

Les clients potentiels se sentent parfois trop gênés et mal à l'aise pour poser quelques questions importantes à un thérapeute. Mais, rappelez-vous qu'en tant que consommateur vous avez le droit de vous renseigner au sujet du service que vous allez recevoir. Cela peut être une bonne occasion de vous affirmer et de prendre soin de vous en demandant les informations dont vous avez besoin pour faire le meilleur choix possible pour vous.

La liste suivante inclut quelques questions que vous

pouvez poser lorsque vous « interviewez » un thérapeute potentiel :

- Quel niveau d'instruction avez-vous ?

- Quel type de formation thérapeutique avez-vous reçue ?

- Recevez-vous une supervision professionnelle dans votre pratique thérapeutique ?

- Quelles sortes de techniques thérapeutiques utilisez-vous généralement ?

- Avez-vous déjà traité des clients avec mes problèmes particuliers (tels que la codépendance, être l'être cher d'un accro, être une personne servile, etc.) et comment travaillez-vous généralement avec eux ?

- Quelle est votre politique au sujet de la confidentialité, particulièrement lorsque vous travaillez avec un couple ou une famille luttant contre les problèmes de la dépendance ?

- Quelles sont vos heures de travail ? Est-ce que vous acceptez que vos clients vous contactent par téléphone ou par courriel entre les séances si nécessaire ?

- Quelle est la durée de vos séances ? Combien de fois

vais-je vous voir ? Et quelle est la durée moyenne de la thérapie avec vos clients ?

• Combien ça coûte ? Offrez-vous une échelle de paiement progressive ?

Les qualités d'un thérapeute efficace

Trouver le bon conseiller peut être une procédure compliquée si vous n'êtes pas certain de ce que vous recherchez. Afin de simplifier ce processus, j'ai inclus ci-dessous une liste des caractéristiques d'un thérapeute efficace. Gardez à l'esprit que personne n'est parfait, pas même les thérapeutes ! Leurs lacunes les feront parfois paraître plus humains, ce qui peut être assez important en termes « d'égalisation » de la relation. Par moments, toutefois, leurs lacunes peuvent contribuer à des relations malsaines avec leurs clients.

Il est important de comprendre que, en tant que personne, les thérapeutes ne sont pas meilleurs que vous. Ils en sauront probablement davantage sur la psychologie et comprendront les dynamiques humaines plus en profondeur que vous, mais ils n'en sauront pas autant à propos d'une autre chose, ou ils ne seront pas aussi bons que vous dans un autre sujet. Nous vivons dans un monde interdépendant – certains d'entre nous sont bons à certaines choses et moins habiles dans d'autres. C'est vrai pour chacun de nous.

J'aime bien utiliser l'exemple du ménage de la maison :

je n'aime pas le faire et je n'aime pas particulièrement y passer beaucoup de mon temps. Je conserve ma maison propre et en ordre en faisant les menus travaux, mais lorsque vient le temps de faire les travaux plus difficiles tels que le brossage et le lavage, je préférerais davantage engager quelqu'un qui apprécie ce type de travaux. Je ne connais également pas grand-chose au sujet de la loi ou de la médecine et j'engagerais volontiers un avocat ou un médecin au lieu d'essayer de tout apprendre moi-même.

Les thérapeutes ont leurs forces et leurs limitations, tout comme le reste d'entre nous. Il est important de ne pas mettre les conseillers sur des piédestaux ou de les voir comme des superhéros. Si vous le faites, je peux vous garantir qu'un jour ou l'autre vous serez déçu. En même temps, il est crucial d'être aussi certain que possible que la personne que vous engagez pour travailler avec vous est stable émotionnellement et qu'elle a un sens éthique clair et des limites saines.

Vous trouverez ci-dessous certaines caractéristiques de conseillers efficaces. Si certaines d'entre elles sont absentes chez le thérapeute que vous interviewez ou que vous voyez présentement en tant que client, vous devriez peut-être trouver un autre thérapeute.

- Ils se connaissent, ils sont capables d'identifier et d'accepter une panoplie de sentiments à l'intérieur d'eux-mêmes aidant ainsi leurs clients à identifier et à accepter leur propre panoplie de sentiments.

- Ils sont capables de maintenir leur cloison personnelle, permettant et encourageant leurs clients à établir et à maintenir leurs propres limites.

- Ils sont conscients de leurs propres valeurs et croyances, mais ils sont assez flexibles pour respecter les valeurs et les croyances de leurs clients lorsqu'elles diffèrent des leurs.

- Ils sont en mesure de développer des relations profondes et chaleureuses avec les personnes importantes dans leur vie.

- Ils sont authentiques et sincères, se permettant d'être vus par les autres comme ils sont réellement.

- Ils acceptent la responsabilité personnelle de leurs actions, écoutant les commentaires constructifs sans attitude défensive, et ce, même lorsqu'il peut sembler difficile de le faire.

- Ils communiquent honnêtement avec eux-mêmes et avec les autres, se révélant à leurs clients de manière appropriée, offrant des commentaires justes et admettant leurs erreurs.

- Ils sont capables de s'adapter et ils sont compétents; au lieu d'être attachés à une seule méthode de travail, ils peuvent varier leurs approches pour répondre aux besoins uniques de leurs clients.

- Ils pratiquent une gestion efficace de leurs besoins personnels; c'est-à-dire qu'ils gèrent leur propre stress, prennent suffisamment de repos et de relaxation, suivent un régime alimentaire et d'exercices sains, ont un fort système de soutien de personnes avec lesquelles ils partagent leurs sentiments et ils prennent assez de congés afin de recharger leurs batteries avec des activités de loisirs agréables.

Travailler avec un thérapeute qualifié et compétent vous donnera le type de soutien nécessaire pour guérir les formes de détresse pouvant affecter les choix de vie que vous faites aujourd'hui. De plus, vous apprendrez des techniques afin de gérer votre stress et de vous exprimer émotionnellement de façons plus saines. Par-dessus tout, un conseiller efficace vous fournira un encouragement authentique au fur et à mesure de vos pérégrinations vers la transformation que vous avez désirée dans votre vie. Ce qui importe peut-être encore plus, votre thérapeute vous aidera à apprendre comment être un exemple à suivre pour les changements que vous souhaitez voir chez vos proches dépendants.

D'autres possibilités de soutien

Bien qu'ils puissent être forts utiles, les groupes de soutien et la thérapie ne sont pas les seules façons d'obtenir de l'aide sur le plan émotionnel. Explorons maintenant certains des autres domaines où vous pouvez trouver de l'aide.

Si vous faites déjà partie d'une communauté religieuse ou spirituelle, un prêtre, un rabbin ou un enseignant pourra possiblement vous offrir des conseils et des instructions. Il peut être difficile dans un premier temps de vous ouvrir et d'admettre vos problèmes, mais devenir assez courageux pour le faire est réellement la première étape pour recevoir le soutien dont vous avez besoin.

Dans le monde d'aujourd'hui, peu de gens *n'ont pas* été affectés négativement d'une quelconque façon par la dépendance, et cela pourrait vous surprendre de découvrir que certaines personnes dans votre entourage sont déjà conscientes des comportements de dépendance de votre être cher. Il est possible que certaines d'entre elles deviennent des soutiens émotionnels pour vous. Même s'ils ne seront probablement pas aussi objectifs qu'un thérapeute ou un maître spirituel, ils pourront compenser cela par leur empathie pour votre situation, particulièrement si leur vie a également été touchée par la dépendance.

Alors que vous commencerez à vous ouvrir au sujet de votre situation, il y a de fortes chances que vous trouviez des supporteurs un peu partout. Rappelez-vous de l'adage des 12 étapes « Notre secret nous garde malade » et défiez-vous de partager ce qui se passe dans votre vie avec des gens en qui vous avez confiance. Vous pouvez évaluer si quelqu'un peut réagir avec compassion à vos problèmes en vous livrant lentement au lieu de vous ouvrir complètement d'un coup.

J'aime l'analogie de mettre votre gros orteil à l'eau pour voir comment vous vous sentez. Si votre gros orteil est accueilli positivement, essayez alors de mettre le reste de vos orteils à l'eau; si vous vous sentez bien, essayer de laisser l'eau monter jusqu'à votre cheville. En d'autres mots, utilisez votre intuition avec les personnes à qui vous choisissez de faire confiance pour le partage de vos sentiments les plus intimes. En mettant votre pied à l'eau graduellement et en partageant juste un petit peu de vous avec les autres, soyez conscient de leurs réactions. Si, par exemple, ils essaient irrespectueusement de vous blâmer pour votre situation ou s'ils ne veulent que parler d'eux-mêmes sans vraiment vous écouter, vous saurez alors que vous ne vous sentirez pas en sécurité pour mettre le reste de votre corps à l'eau. En fait, si vous ressentez cela, retirez immédiatement votre pied et trouvez une eau différente !

En conclusion

Voyons les choses en face – se préoccuper de quelqu'un luttant contre des comportements de dépendance peut être incroyablement débilitant et difficile. La douleur que vous ressentez a sans aucun doute commencé à détruire l'essence même de votre vie, créant des problèmes et des situations que vous êtes réticent à discuter avec les autres par peur d'être jugé et incompris. Mais, plus longtemps vous conserverez vos difficultés privées et vous permettrez à vos secrets de vous garder malade, plus il vous sera difficile d'aller chercher de l'aide. Les premières fois que vous tenterez d'appeler un thérapeute ou un ami, vous pourrez avoir l'impression que le téléphone pèse cinq cents livres et qu'il est simplement impossible à prendre. Mais, tout comme n'importe quel changement de vie sain, plus souvent vous le ferez, plus facile il deviendra.

Si vous êtes comme la plupart des proches d'accros, souffrir en silence ne vous a pas bien servi. Je vous prie de vous rappeler que c'est autant bienveillant que respectueux de vous-mêmes d'avouer que la façon dont vous avez mené votre vie ne fonctionne pas bien pour vous. Soyez prêt à considérer d'essayer une façon différente. J'ai espoir qu'en lisant ce livre vous avez maintenant une meilleure compréhension des raisons pour lesquelles vous devez prendre mieux soin de vous et également des recommandations qui vous aideront à vous préparer à faire des changements de vie positifs et bénéfiques.

Ayant déjà aimé une personne vivant avec des comportements de dépendance, je n'ai rien trouvé de plus gratifiant au cours de ce parcours que de dire adieu à ma propre codépendance et de ressentir l'augmentation de mon respect personnel que cette libération m'a apportée. J'espère profondément que vous vivrez les mêmes choses dans votre vie en continuant votre voyage sur le chemin de la conscience de soi et de la transformation. En pratiquant une gestion holistique des soins personnels et en développant de saines limites dans vos relations, vous vous sentirez de plus en plus libre de permettre à votre authenticité personnelle de rayonner et de finalement vivre la meilleure vie possible.

EN RÉSUMÉ

Comment se remettre d'un comportement de dépendance
: Accepter les réalités de la vie

Lorsque vient le temps de parler du rétablissement de la
dépendance, la question no 1 que me posent les proches
de personnes aux prises avec des comportements de
dépendance est la suivante :

« Comment puis-je le/la convaincre d'aller en cure de
rétablissement afin d'obtenir le traitement dont il/elle a
besoin afin de ne pas chuter à nouveau ? »

Si vous êtes le proche d'un accro, il se peut que vous soyez
désespérément en quête de la réponse à cette question –
pensant qu'il doit y avoir *quelque chose* que vous puissiez

---

faire afin de garder l'accro dans votre vie à jeun, sobre et en sécurité.

L'accro que vous aimez peut être accro à une substance psychotrope comme l'alcool et les drogues ou encore aux prises avec une dépendance modifiant l'humeur telle que la cigarette, le jeu, le trouble alimentaire, Internet ou les jeux en ligne, la dépendance au sexe, les achats excessifs compulsifs ou la codépendance et la maltraitance dans leurs relations.

Parfois, c'est également une combinaison de plusieurs des comportements de dépendance mentionnés ci-dessus.

Peu importe la façon dont se manifeste la dépendance dans la vie de votre être aimé, maintenant que vous avez lu *Aimer un accro, s'aimer soi-même : Les 10 meilleurs trucs de survie pour aimer une personne dépendante*, vous commencez à comprendre que la vie avec un accro pratiquant est généralement assez chaotique, et ce, même dans les meilleurs moments, lesquels ne se produisent probablement pas très souvent.

Toutefois, afin de réduire ce chaos, nous devons réaliser que nous sommes impuissants en ce qui concerne la personne dépendante – tout comme en ce qui concerne n'importe qui d'autre que nous-mêmes. C'est cette même *impuissance*, combinée avec la *déception* de ne pas être en mesure de « les faire changer », qui conduit les proches d'accros à se sentir si perplexes et désespérés.

Et, en acceptant les réalités de la vie – comme l'impuissance et la déception – nous pouvons trouver la sérénité que nous avons tant désirée dans nos vies. En comprenant profondément que les accros que nous aimons prendront leurs propres décisions – malgré les efforts que nous déployons pour les forcer à faire ce que nous voulons qu'ils fassent – nous pouvons descendre de ces montagnes russes chaotiques et commencer à nous concentrer sur nos propres vies.

Le merveilleux rebondissement qui se produit lorsque nous décidons d'accepter les réalités de nos vies et d'arrêter de mettre de la pression sur nos êtres chers dépendants, est qu'ils commenceront également presque toujours à faire des choix meilleurs et plus sains pour eux-mêmes !

Rappelez-vous : Accepter la réalité comme elle est vous apportera en fin de compte la paix et la sérénité que vous souhaitez.

La vérité au sujet des personnes serviles : Votre rétablissement de la codépendance

Le terme codépendance peut signifier des choses différentes pour différentes personnes. Au fil des ans, un bon nombre d'auteurs ont offert une variété de définitions pour cette dynamique difficile qui semble affecter plus de gens que nous pouvons imaginer.

Ma définition est très simple : la codépendance survient lorsque l'on met les besoins des autres devant les nôtres sur une base plutôt régulière. En vérité, lorsque nous sommes codépendants, nous sommes également des personnes serviles qui feront à peu près n'importe quoi afin d'éviter des conflits désagréables aux autres.

« Je suis une bonne personne – non ? »

Puisque les codépendants mettent constamment les besoins des autres devant les leurs, ils croient souvent qu'ils sont de bonnes personnes.

Mais la vérité peut être que vous n'êtes pas aussi « bon » que vous aimeriez le croire, puisque vous ne dites pas oui à tout le monde afin d'être simplement gentil avec eux. Lorsque vous dites oui (particulièrement lorsque vous souhaitez réellement dire NON), vous vous protégez en fait du bouleversement des autres en ne faisant pas de vagues. Vous croyez que c'est la façon de ne pas avoir à gérer la colère ou la déception d'une autre personne quand vous ne faites pas ce qu'il ou elle souhaite que vous fassiez.

Bien que s'efforcer d'être agréable dans toutes vos relations peut être vu comme étant une intention de se préoccuper de soi-même, ce n'est malheureusement pas une forme saine de gestion des soins personnels lorsque c'est fait en résistance aux désagréments.

Nous apprenons aux autres comment nous traiter

Lorsque vous dites constamment oui à une autre personne, et lorsque vous acceptez n'importe quelle forme de maltraitance comme faisant partie de vos relations, vous apprenez essentiellement aux autres que c'est une bonne façon de vous traiter. Bien que vous n'en ayez peut-être pas conscience, vous avez en réalité autant de pouvoir et de contrôle que l'autre personne puisque chacun d'entre nous ne peut réellement que se contrôler soi-même. C'est seulement lorsque vous *choisissez* de donner votre pouvoir et votre contrôle à une autre personne que vous commencez à ressentir la piqûre de la codépendance, car la vérité est que personne ne peut vous manquer de respect sans votre permission.

Votre travail est de vous traiter avec plus de respect. En faisant cela, vous remarquerez que les autres suivront automatiquement votre exemple.

Changer vers une saine affirmation de soi

Si vous ressentez de la codépendance et de la servitude dans n'importe laquelle de vos relations importantes, vous avez probablement, jusqu'à présent, répondu passivement lorsque les autres agissent de *façon agressive* envers vous.

Un équilibre sain est celui de l'affirmation de soi. Cela crée une communication respectueuse et responsable sans que personne n'ait recours au blâme, à l'humiliation ou aux menaces, et ce, d'aucune façon.

Mais le changement doit toujours commencer par soi-même.

En plus de vous traiter avec plus de respect et de dire non lorsque vous pensez non, vous devrez également être disposé à apprendre comment gérer les réactions négatives que vous pourrez rencontrer en choisissant de devenir plus authentique avec les autres. En maîtrisant cela, vous remarquerez que vous n'avez plus à réagir par peur dans vos relations.

Rappelez-vous : Afin de vous affirmer, vous devez être disposé à dire la vérité aux autres concernant ce que vous ressentez réellement. C'est également le cadeau le plus respectueux que vous puissiez vous donner à vous-même et à ceux que vous aimez.

Les trois meilleurs secrets pour arrêter la servitude avec vos êtres chers dépendants

Voici les **trois meilleurs secrets** afin d'arrêter votre codépendance et votre servitude lorsque vous êtes en relation avec un accro.

Secret no 1 : Arrêtez d'être accro à la dépendance de votre accro et apprenez comment prendre soin de vous.

Vous saurez que vous êtes accro à la dépendance de votre accro en déterminant où vous êtes sur ce simple élément de mesure :

« *Lorsque l'accro dans ma vie va bien, je vais bien.*

Lorsque l'accro ne va pas bien, je ne vais pas si bien. »

Lorsque vous êtes dans ces montagnes russes avec un accro, la dépendance prend la première place dans votre vie et dans sa vie. Le chaos de la dépendance active est omniprésent pour vous deux – et vous êtes conscient que ce n'est qu'une question de temps avant que le chaos ne recommence ou bien qu'il empire.

Rappelez-vous : Vous devez être prêt à descendre des montagnes russes émotionnelles que vit chacun des accros participants activement dans leur dépendance et être disposé à commencer à prendre soin de votre propre vie.

Secret no 2 : Si rien ne change, rien ne change.

Il y a quelque temps, il y avait une bonne annonce publicitaire à la télévision dont j'aimerais vous parler.

Je ne suis généralement pas une amatrice d'annonce publicitaire à la télévision, mais une fois de temps en temps il y en a une qui reflète quelque chose d'important dans notre société. Cette annonce, bien qu'apparemment au sujet du fromage, est un exemple parfait de cette réflexion sociétale. Vous l'avez peut-être vue.

La scène s'ouvre sur un couple de personnes âgées, ayant peut-être environ quatre-vingts ans, assis à une table à manger. Leurs enfants – peut-être dans leur cinquantaine – sont assis avec eux, attendant que le souper soit servi. Les parents échangent un regard de dédain entre eux, chacun roulant des yeux comme s'ils se disaient : « Comment pouvons-nous les faire partir d'ici ? »

La mère se lève ensuite de sa chaise et, lentement, avec quelques difficultés, se dirige vers la cuisine. Nous la regardons ensuite revenir vers la table avec la nourriture et servir ses enfants-adultes – un bon exemple de comportement facilitateur. Les «enfants» commencent à manger et à savourer leur repas, apparemment sans le moindre souci, comme ils l'ont probablement fait à plusieurs reprises depuis des années et des années... et des années.

Alors que nous continuons à observer ce scénario absurde, mais embarrassant, le narrateur de l'annonce dit aux parents – plutôt fermement – «Arrêter de cuisiner avec du fromage!»

Chaque fois que je raconte cette annonce publicitaire à des clients qui sont des proches d'accros, ils sourient honteusement puisqu'ils peuvent s'identifier au comportement facilitateur qui se produit dans cette famille imaginaire, mais assez réaliste. Ils savent qu'ils ont eux-mêmes cuisiné avec du fromage depuis trop longtemps.

Votre travail est de rendre les choses difficiles pour l'accro que vous aimez de conserver sa dépendance active. Cette annonce publicitaire nous apprend que si nous continuons ces types de comportements facilitateurs qui permettent à la dépendance de continuer, la dépendance continuera forcément.

Ou – pour l'expliquer différemment – pourquoi votre accro bien-aimé devrait-il se réveiller si vous continuez à appuyer sur le bouton de répétition d'alarme de son réveille-matin?»

Rappelez-vous: Arrêtez de cuisiner avec du fromage!

Secret no 3 : Cessez d'essayer de changer une autre personne et soyez disposé à examiner la façon dont vous contribuez peut-être à la situation.

La plupart des gens qui aiment une personne avec une dépendance ont très peur pour eux et, par conséquent, ils souhaitent que les accros changent leurs vies le plus rapidement possible. Si vous vous sentez de cette façon, vous avez probablement essayé tout ce à quoi vous pouvez penser, incluant la facilitation, les hurlements et la tolérance passive de leurs comportements souvent négatifs et manipulateurs. Vous concentrez probablement toute votre énergie à essayer de changer l'accro et à mettre votre propre bien-être au second plan.

Mais, puisque nous vivons dans un monde de libre arbitre, nous ne pouvons pas contrôler ou changer une autre personne. *La seule personne que VOUS pouvez changer c'est VOUS.* Il est impératif que vous preniez conscience de la façon dont vous contribuez peut-être négativement à la situation dans laquelle vous vous trouvez – puisque c'est la seule chose que vous pouvez en réalité changer.

Comme Gandhi l'a si sagement dit : « *Nous devons devenir le changement que nous souhaitons voir en ce monde.* »

Connaître ce secret peut vous aider à comprendre l'importance d'examiner vos propres comportements pouvant contribuer à cette situation afin d'être réellement en mesure de marquer le changement dans votre relation avec l'accro que vous aimez.

Rappelez-vous : Garder ces trois secrets à l'esprit et faire de votre mieux pour les mettre en pratique est ce que vous devez faire afin de vivre des changements durables et positifs dans toutes vos relations – particulièrement avec votre être cher dépendant.

Faciliter un accro n'est jamais un geste d'amour

Il est important de se rappeler que lorsque des proches facilitent un accro, ils le font souvent involontairement pour répondre à leurs propres besoins au lieu de ceux de la personne dépendante.

Les personnes facilitatrices sont également généralement des personnes serviles qui déploieront beaucoup d'efforts afin d'éviter d'avoir à gérer des conflits. Puisque les accros se mettent en colère de façon répétée – et deviennent parfois carrément violents – lorsqu'ils se font dire « NON » au lieu du « OUI » inconditionnel qu'ils espèrent, les conflits peuvent facilement survenir dans ces situations. Lorsque cela se produit, les proches des accros cèdent régulièrement et font tout ce dont l'accro leur demande – même lorsqu'ils ne veulent vraiment pas ou qu'ils savent au fond d'eux que c'est une mauvaise idée.

Mais la vérité est que ce n'est pas ce dont l'accro a besoin. Ce dont la personne dépendante a besoin est de se faire mettre des limites claires, affirmées et saines lorsque son comportement n'est aucunement approprié. Ce dont les accros ont réellement besoin est que les personnes dans leur vie les aiment assez pour ne plus appuyer leurs comportements malsains lorsque ceux-ci décident de continuer activement leur dépendance.

Bien qu'il soit compréhensible pour les proches de vouloir éviter les conflits mêmes qu'ils craignent – et qu'ils n'ont souvent aucune idée de comment gérer de façon saine – céder aux accros permet à ces derniers de minimiser leur anxiété. Même si cela peut permettre un soulagement temporaire aux proches, de la même façon que les accros ressentent un soulagement temporaire lorsqu'ils succombent à leurs comportements de dépendance, succomber ne fait rien pour remédier à la situation actuelle. Comme vous le comprenez maintenant, *si rien ne change, rien ne change* – alors, lorsque les proches continuent de sauver les accros en les facilitant afin de diminuer leurs propres appréhensions, les accros continuent généralement également d'utiliser leurs comportements de dépendance.

Ce n'est jamais le meilleur résultat que ce soit pour l'accro ou bien le proche.

Vous devez assez aimer votre accro pour rester fort et pour vous affirmer. Vous devrez non seulement avoir des limites claires, mais également lui laisser savoir la façon dont sa dépendance vous affecte; l'accro a besoin de l'entendre et vous devez le dire afin de maintenir votre très important respect de vous-mêmes.

Finalement, le message le plus sain à faire à des accros est que vous les aimez tellement que vous n'êtes plus disposé à les appuyer s'ils choisissent de continuer activement leur dépendance. Vous pouvez leur laisser savoir que vous serez heureux de les aider lorsqu'ils seront prêts à choisir la guérison.

Rappelez-vous : Faciliter un accro répond réellement aux besoins des proches – ce n'est jamais utile pour l'accro.

Au sujet de l'auteure

Candace Plattor, M.A. conseillère clinique agréée, est une thérapeute en pratique privée, spécialisée dans les comportements de dépendance tels que l'abus d'alcool et de drogues, les troubles alimentaires, la cigarette, les problèmes de jeu, la dépendance à Internet, les troubles d'achats excessifs compulsifs et la dépendance affective.

Candace offre de la thérapie individuelle, de couple ou familiale dans son bureau situé à Vancouver, en Colombie-Britannique, et par téléphone partout dans le monde. Elle assiste également la famille et les amis dont les proches sont aux prises avec une dépendance, les aidant à établir des limites appropriées et à mettre plus d'attention sur leurs propres vies.

Candace peut être jointe en composant le 604-677-5876. Vous pouvez également lui envoyer un courriel à candace@candaceplattor.com ou encore visiter son site Internet à http://www.candaceplattor.com.

Les 10 meilleurs trucs de survie pour aimer une personne dépendante

1. Regardez la réalité en face.
2. Découvrez comment aimer une personne dépendante et rester sain.
3. Vous ne pouvez pas contrôler ou « réparer » une autre personne, alors cessez d'essayer !
4. Arrêtez de blâmer les autres et soyez prêt à vous remettre en question.
5. Apprenez la différence entre *aider* et *faciliter*.
6. Ne cédez pas à la manipulation.
7. Posez-vous la « question magique. »
8. Comprenez que « prendre soin de soi » ne signifie pas être « égoïste. »
9. Reconstruisez votre vie.
10. N'attendez pas que la situation soit réellement mauvaise – allez chercher de l'aide maintenant !